安徽省哲学社会科学规划项目"隐形冠军企业商业模式创新驱动因素及其作用机制研究( AHSKQ2020D01)"成果

# 中国隐形冠军企业

## 融通创新成长路径

杜晶晶◎著

ZHONGGUO YINXING
GUANJUN QIYE
RONGTONG CHUANGXIN
CHENGZHANG LUJING

经济管理出版社
ECONOMY & MANAGEMENT PUBLISHING HOUSE

**图书在版编目（CIP）数据**

中国隐形冠军企业融通创新成长路径/杜晶晶著 . —北京：经济管理出版社，2023. 12
ISBN 978-7-5096-9532-6

Ⅰ.①中… Ⅱ.①杜… Ⅲ.①中小企业—企业管理—研究—中国 Ⅳ.①F279. 243

中国国家版本馆 CIP 数据核字（2024）第 010199 号

组稿编辑：张丽媛
责任编辑：王光艳
责任印制：黄章平
责任校对：张晓燕

出版发行：经济管理出版社
　　　　　（北京市海淀区北蜂窝 8 号中雅大厦 A 座 11 层　100038）
网　　址：www. E-mp. com. cn
电　　话：（010）51915602
印　　刷：北京金康利印刷有限公司
经　　销：新华书店
开　　本：720mm×1000mm/16
印　　张：10. 5
字　　数：145 千字
版　　次：2023 年 12 月第 1 版　　2023 年 12 月第 1 次印刷
书　　号：ISBN 978-7-5096-9532-6
定　　价：90. 00 元

# 前　言

　　"隐形冠军"一词由德国著名管理学家赫尔曼·西蒙提出，其是指那些在细分市场中占据绝对领先地位但不被公众所知晓的中小企业。这一概念自2003年被引入中国以来备受媒体关注，甚至连国家工业和信息化部（以下简称"工信部"）推出的"制造业单项冠军"评选都借鉴了这个概念的精髓。我国制造业企业在迈向中高端转型升级的过程中，关键在于核心技术积累，在行业中占据有利位置，而"隐形冠军"正是这种能力提升的自然体现。"隐形冠军"之所以得名，在很大程度上是因为其长期专注一个细分市场，并取得瞩目的成就。与此同时，正是因为其"小而美"的特性，其在成长过程中必然面临着技术市场风险，或遭遇"成长的天花板"。加之中国目前处于高速变革期，不少行业突飞猛进，新产品层出不穷，旧有产品被不断淘汰。在这一背景下，隐形冠军企业成长的边界与路径、方向与结果引起了理论界与实践界的共同关注。

　　在此基础上，本书致力于回答以下问题：中小企业如何成长为"隐形冠军"？驱动隐形冠军企业融通创新的因素有哪些？这些因素如何发挥作用？隐形冠军企业如何立足产业，实现多元化或平台化发展？为深入解决这些问题，我们从隐形冠军企业的特性入手，对当前学界中关于隐形冠军企业相关研究展开全面梳理，并对本书后续研究涉及的理论基础，如需求方战略、资源基础观等进行理论回顾，以期在本研究开始前使读者对相关概念形成初步概貌。其后，结合战略管理理论演进过程，梳理隐形冠军企业，尤其是在产业互联网背景下传统制造业企业的成长路径。以安徽省制造业单项冠军企业为研究对象，选取一家有代表性的企业进行探索性案例分析，提出需求方战略视角下隐形冠军企业价值创造演化机制模型，在一定程度上打开隐形冠军成长过程中如何实现价值创造的"黑箱"，并进一步总结出隐形冠军企业价值创造的动态演化特征。接下来扩大研究样本，基于 21 家中国制造业单项冠军示范企业数据，运用模糊集定性比较分析（fsQCA），结合"隐形冠军"及多元化战略研究，探究"供给侧—需求侧—外部环境"前因条件对中国隐形冠军企业产业多元化发展的影响。研究结果表明，中国隐形冠军企业产业内多元化分为需求侧协同型、关系驱动型和技术驱动型三种模式；产业间多元化分为能力驱动型、混合驱动型和环境驱动型三种模式。需求侧驱动为产业内多元化提供内生动力，外部环境是产业间多元化的重要推动力，企业核心能力以不同形式对两类产业多元化起到显著驱动效应。

本书最后为隐形冠军企业如何实现融通创新提出可能的实践方向，如开展多元化战略、需求方驱动战略以及平台化发展战略。同时，从区域创新生态系统出发，总结各级政府如何构建基于隐形冠军成长的区域创新生态系统，隐形冠军企业如何发挥自身优势融入生态系统以带动全行业持续健康发展，促进区域经济融通发展，从而为隐形冠军企业确定成长战略，扩大开放边界，尤其是为制造业隐形冠军企业的生态化战略转型提供借鉴。

# 目　录

第一章　绪论 ……………………………………………………… 1

　第一节　研究背景 ………………………………………………… 1

　第二节　研究意义 ………………………………………………… 4

　　一、现实意义 …………………………………………………… 4

　　二、理论意义 …………………………………………………… 5

　第三节　研究内容 ………………………………………………… 7

　第四节　研究方法与技术路线 …………………………………… 8

　　一、研究方法 …………………………………………………… 8

　　二、技术路线 …………………………………………………… 10

　第五节　关键概念界定 …………………………………………… 11

　　一、隐形冠军企业 ……………………………………………… 11

　　二、多元化 ……………………………………………………… 13

　　三、产业互联网 ………………………………………………… 14

　　四、资源基础观 ………………………………………………… 14

　　五、需求方战略 ………………………………………………… 15

　第六节　创新点 …………………………………………………… 17

**第二章　文献综述**························································ 19

第一节　隐形冠军企业相关研究································ 19

　　一、隐形冠军企业特征及研究现状···················· 19

　　二、隐形冠军企业成长与创新路径研究·············· 31

　　三、中国隐形冠军企业成长的特殊性·················· 34

第二节　多元化相关研究······································· 39

　　一、产业内多元化和产业间多元化···················· 39

　　二、多元化相关理论········································ 42

　　三、隐形冠军企业产业多元化战略的驱动因素······· 43

第三节　产业互联网相关研究································· 47

　　一、产业互联网与消费互联网··························· 47

　　二、产业互联网与传统制造业··························· 48

第四节　资源基础观与企业成长······························ 49

　　一、资源基础观的演进····································· 49

　　二、资源编排与新创企业成长···························· 51

第五节　需求方战略与企业成长······························ 54

　　一、需求方战略研究概述·································· 54

　　二、需求方战略与价值创造······························ 60

**第三章　产业互联网背景下隐形冠军企业价值创造演化机理**·········· 65

第一节　研究背景·············································· 65

第二节　研究设计·············································· 67

　　一、研究方法················································· 67

　　二、案例选择················································· 68

　　三、数据收集················································· 69

四、数据分析 ……………………………………………… 71

第三节　案例描述 …………………………………………… 73

一、单向输出阶段 ………………………………………… 73

二、双向合作阶段 ………………………………………… 76

三、多方共创阶段 ………………………………………… 80

第四节　研究发现与进一步讨论 …………………………… 85

一、需求方变化是驱动隐形冠军企业实现价值创造的
重要推力 ……………………………………………… 86

二、需求方资源、能力的调整是隐形冠军企业实现价值
创造的关键 …………………………………………… 87

三、隐形冠军企业成长的价值演化机理 ……………… 87

第四章　中国隐形冠军企业产业多元化的形成路径研究 …… 89

第一节　研究背景 …………………………………………… 89

第二节　研究设计 …………………………………………… 91

一、方法选择 ……………………………………………… 91

二、样本选择 ……………………………………………… 93

三、数据来源 ……………………………………………… 94

四、数据处理 ……………………………………………… 95

五、变量赋值标准 ………………………………………… 97

第三节　结果与发现 ………………………………………… 100

一、必要条件分析 ………………………………………… 100

二、充分条件分析 ………………………………………… 101

三、产业多元化不同路径驱动机制讨论 ……………… 107

四、稳健性检验 …………………………………………… 108

第四节　研究结论 …………………………………………… 109

**第五章　中国隐形冠军企业融通创新成长路径启示** ················ 111

　第一节　隐形冠军企业培育的重要意义 ················ 111

　　一、隐形冠军企业是中小企业发展的新方向 ··········· 111

　　二、隐形冠军企业是供给侧结构性改革的新样本 ········ 112

　　三、隐形冠军企业是制造业转型升级的成绩单 ········· 113

　第二节　隐形冠军企业融通创新发展路径展望 ··········· 114

　　一、多元化战略 ····························· 114

　　二、需求方驱动战略 ······················· 116

　　三、平台化发展战略 ······················· 117

　第三节　隐形冠军企业培育与区域创新生态系统构建的内在联系 ··· 119

　　一、隐形冠军企业对区域创新生态系统发展的影响 ······ 119

　　二、区域创新生态系统对隐形冠军企业成长的意义 ······ 121

　第四节　基于隐形冠军企业成长的区域创新生态系统构建 ······ 122

　　一、区域创新生态系统的构成要素 ··············· 122

　　二、区域创新生态系统的构建措施 ··············· 125

**第六章　研究不足与未来研究展望** ················ 130

　第一节　研究不足 ························· 130

　第二节　未来研究展望 ····················· 132

**参考文献** ····························· 134

**附　录** ····························· 157

# 第一章

# 绪论

## 第一节　研究背景

为了抢占 21 世纪先进制造业制高点，我国明确提出要深化互联网技术在制造行业的应用，建设优势互补、合作共赢的开放型产业生态体系。强调把发展经济的着力点放在实体经济上，加快建设制造强国，培育具有全球竞争力的世界一流企业，培育一批具有创新能力的排头兵企业，促进我国产业迈向全球价值链中高端。

在我国制造业转型升级的浪潮中，有这样一批"小而美"的缔造者，它们高度专注，在一个狭小的细分市场上精耕细作多年，大隐于市却撑起了中国约 68% 的出口量；它们掌握核心技术，在行业中占据有利位置，在我国制造业迈向中高端转型升级的过程中，发挥着越来越重要的引领作用。德国管理学家赫尔曼·西蒙（2015）将这类本身规模不大，长期位于细分市场领先，且不为大众所熟知的中小企业称为"隐形冠军"。在中国，它们有另外一个本土化的名字，叫做"专精特新"企业。自2011年7月工信部提出"专精特新"（专业化、精细化、特色化、新颖化）的概念以来，2021年工信部提出打造中小企业"百十万千"梯度培育体系，发布了《"十四五"促进中小企业发展规划》，确定了在"十四五"期间（2021~2025年）培育100万家创新型中小企业、10万家"专精特新"中小企业、1万家专精特新"小巨人"企业以及1000家制造业单项冠军企业。"十四五"期间促进中小企业发展规划的梯度培育体系如图1-1所示。"专精特新"与"隐形冠军"已成为我国中小企业成长与发展的重要标杆，推动我国产业发展整体向高端演进。

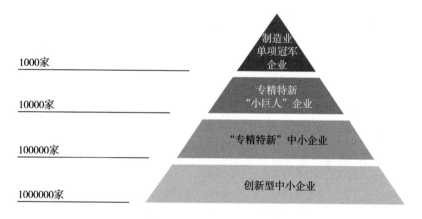

图1-1 "十四五"期间促进中小企业发展规划的梯度培育体系

截至2021年11月8日，通过工信部全部复核的两批制造业单项冠军企业共有118家。评选出的这些企业按照国民经济行业分类，近一半是在三大类制造业中，分别是专用设备制造业、电气机械和器材制造业、化学原料和化学制品制造业。按照赫尔曼·西蒙定下的"隐形冠军"筛选标准（年营业额低于50亿美元、世界同细分行业市场前三强或者本大洲排名第一、不为外界所知），在工信部全部复核的两批制造业单项冠军企业的118家制造业单项冠军中有36家企业符合隐形冠军标准。其余企业或年销售额已经超出了50亿美元，或无明确证据显示其行业地位达到隐形冠军标准。尽管从研发投入和研发成效来看，中国隐形冠军企业体现出较强的创新力，但在全球化这一重要指标上，中国的隐形冠军企业和拥有高全球化程度的德国隐形冠军企业仍然存在明显差距：仅有 23.5% 的中国隐形冠军企业选择国际化道路，有近 30% 的中国隐形冠军企业没有任何一家海外分支，这与中国企业大多缺乏海外运营经验有关，且近一半的中国隐形冠军企业表示认同或已经选择多元化作为突破发展瓶颈的重要战略举措（王益民等，2019），与国外强调"专一"路线发展的隐形冠军形成强烈对比。

综上所述，中国隐形冠军企业呈现出不同于欧美发达国家隐形冠军企业的成长水平与路径。作为过去 30 年里世界上发展最快的国家，我国营商环境日新月异，在国家经济高速增长的同时，也为企业发展带来高度不确定性。数字技术的催化，第四次工业革命的到来，不少行业突飞猛进，新产品层出不穷，行业颠覆时有发生。随着消费互联网向产业互联网演进，需求侧拉动成为推进我国制造业转型升级和供给侧结构性改革的重要驱动力（冯伟、李嘉佳，2018）。以需求为导向并依托物联网、大数据和云计算等智能制造技术正对传统商业模式产生巨大冲击（Kang et al.，2016），中国隐形冠军企业成长的边界与路径引起了理论界与实践界的共同关注。

从理论研究来看，对于隐形冠军企业的成长与发展战略，早期研究认为，以"聚焦、专注"见长的隐形冠军企业大多只关注一个狭小的细分市场，并致力于成为这一超级利基市场的供应商和市场占有者。然而，对于单一市场的依赖，使隐形冠军企业极容易受到外部环境波动的影响。此外，绝大部分隐形冠军企业定位于行业内中高端市场，高价的主营产品可能遭受来自竞争对手低价策略的攻击，从而丧失优势地位。在这种情况下，隐形冠军企业需要在专注和多元化策略中权衡。事实上，随着经济社会的发展，隐形冠军企业在成长过程中也呈现出雇员多元化、创新多元化和发展方向多元化的新特点。赫尔曼·西蒙（2015）在《隐形冠军》一书中就曾指出，"隐形冠军"可以采用"适度"多元化的方式进入新市场，即围绕自身技术或客户开发新业务。这种在"一元"业务基础上兼顾"多元化"发展的观点得到不少学者的支持。目前，业界对于"隐形冠军"多元化的争论，已由"要不要"上升到"为什么"以及"如何实现"的讨论中，但实现路径并不一致。早期研究认为，中小型企业扩展到一个不相关的行业并不常见，因为它们没有足够的资源进入一个全新行业。然而，随着数字技术的广泛应用，产业边界日益模糊。一些深耕专业领域多年的隐形冠军企业展开了产业互联网布局的先动之举，隐形冠军多元化成长路径在时代背景下被赋予了全新内涵。中小企业如何成长为"隐形冠军"？驱动隐形冠军企业融通创新的因素有哪些？这些因素如何发挥作用？隐形冠军企业如何立足产业，实现多元化发展？为了回答这些问题，本书从隐形冠军企业的特性入手，结合资源基础观与需求方战略相关理论，选取一家有代表性的单项冠军示范企业进行探索性案例分析，总结需求方驱动下隐形冠军企业创新成长的路径分析，运用定性比较分析（QCA）方法对条件变量的各种组合进行比较，构建中国隐形冠军企业产业多元化成长路径。研究结论对于突破隐形冠军企业"成长的天花板"，推动中国制造业企业转型升级和中小企业融通创新，产业生态系统构建与地区经济高质量发展具有重要的意义和价值。

## 第二节　研究意义

### 一、现实意义

第一，本书对隐形冠军企业成长的学理性分析为制造业转型升级提供了新思路。制造业服务化和生态化是这一思路下的两个重要发展方向。一方面，制造企业基于产业链视角集成自身资源与能力，将企业产品与客户需求相融合，转型制造业服务化，形成供需双方价值共创，有利于提高企业对客户需求应变的准确性。另一方面，隐形冠军企业与区域生态系统密不可分（杜晶晶、胡登峰，2020）。作为行业标杆，隐形冠军企业跨产业发展具有示范带动效应，能够带领上下游中小企业协同创新，并进一步推进产业融合，为产业生态系统的构建提供助力。

第二，本书通过对需求方战略的研究，有助于指导隐形冠军企业及其他中小企业精准把握需求方提供的市场机会。指引隐形冠军企业始终围绕需求方制定战略决策，尤其是在用户关系与用户数据资源上苦练"内功"，培养"专注力"。同时，通过对价值创造过程的研究，为指导隐形冠军企业整合需求方资源能力提供依据，使其更好地将感知到的外部需求机会内化为企业能力的提升。

第三，本书深入探讨了中国隐形冠军企业的多元化成长路径，有助于指导隐形冠军企业及其他中小企业发展多元化战略。企业在制定多元化战略时，需要全面考察各类要素的组合情况，选择合适的发展模式。同时隐形冠军企业多元化会受到不同因素的共同影响，企业需要将它们分别与不同的市场环境和制度环境以及企业性质相匹配，制定出适合自身的发展战略，实现可持续发展。

第四，本书关注了隐形冠军企业的生态化发展方向，有利于助力区域经济蓬勃发展。通过对隐形冠军企业培育和区域生态系统的深入探讨，指引政府适时制定相应政策引导企业发展，帮助企业了解如何搭乘"政策快车"，调整自身产品结构，向有政策支持的行业方向靠拢和发展，为区域发展注入活力。

**二、理论意义**

第一，丰富了隐形冠军企业价值创造规律的动态性分析。现有隐形冠军企业研究主要以静态、单一视角的经验总结为主（葛宝山、王治国，2020；赫尔曼·西蒙，2015），缺少企业发展的纵向思考与内在逻辑判断。本书不仅从需求方视角剖析了隐形冠军企业成长的内在动力，揭示了隐形冠军企业在成长过程中如何整合需求方资源和能力实现价值创造的演化机制，同时，利用组态观深入分析隐形冠军如何实现产业多元化，突破了对于隐形冠军企业"多元化"与"专一化"的争论（尚林，2012），进一步展现了数字经济背景下，隐形冠军企业利用需求方协同打造生态系统的价值实现与关键路径，不仅为本土情境下隐形冠军企业贡献了新的研究视角，对于隐形冠军企业平台化、生态化成长路径（杜晶晶、胡登峰，2020；杜晶晶等，2023）亦做出了一次有益探索。

第二，拓展了隐形冠军企业价值创造过程研究。一方面，从需求方视角阐明了构建生态系统的前因后果，验证了生态圈内利益相关者可以通过需求侧规模经济实现价值创造（Rohn et al.，2021），为数字经济背景下企业利用需求方战略创造价值优势提供指引。另一方面，本书尝试从需求端对制造业服务化、平台化转型做出解读，阐明了工业企业的产业互联网路径（余菲菲、高霞，2018）。其中，用户数据资源的使用、转化与共享作为关键资源，突出新一代数字技术对需求方资源实现价值创造的作用，不仅深化了产业互联网形成机制的研究，而且进一步解读了产业互联网背景下价值创造的新特点、新模式和新规律。

第三，推动了隐形冠军企业多元化成长路径研究。本书研究表明隐形冠军企业可以基于需求协同（Ye et al.，2012）、核心能力迁移（王益民等，2019）、纵向一体化（尚林，2012）、横向生态化（杜晶晶、胡登峰，2020）等方式实现产业内多元化和产业间多元化，且说明了不同成长路径的作用情境。突破以往多元化研究仅关注内部资源的单一视角，综合考虑不同前因条件之间的互动以及因果复杂性（汪秀琼等，2021），对于进一步理解隐形冠军企业多元化现象背后的复杂机理具有重要意义，为中国隐形冠军企业的成长机理提供了更加强有力的解释。本书研究进一步表明，产业内/产业间多元化不一定遵循渐进的发展逻辑，关键在于基于核心能力迁移的生产者协同大于多元化导致的协调成本增加，这一结论为产业多元化的应用情境以及多元化与企业绩效的非线性关系提供了有益补充（Subramaniam et al.，2019）。

# 第三节 研究内容

本书共六章，各章节具体研究内容如下：

第一章为绪论。本章主要介绍本书的研究背景及研究意义，为对中国隐形冠军企业融通创新成长路径进行深入剖析，本章将给出研究方法、技术路线图以及可能的创新点，以期初步描绘出本书的写作重点。

第二章为文献综述。本章首先对隐形冠军企业的特征、发展战略等进行全面梳理，全方位展现隐形冠军企业研究概貌并初步分析隐形冠军企业的创新路径，并将研究逐步延伸至中国隐形冠军企业成长机制的研究。其次，对多元化和产业互联网的相关内容进行系统拓展，以期展现隐形冠军企业可能的发展战略和研究情景。最后，对本书涉及的主要理论基础、基本构念进行全面梳理，以文献计量分析方法和内容分析方法对需求方战略理论、资源基础观进行理论追溯和定义，对构念间可能存在的联系进行梳理和分析，为后续研究的模型构建奠定基础。

第三章为产业互联网背景下隐形冠军企业的价值创造演化机理。本章以一家隐形冠军企业成长历程为背景，以需求方战略为理论基础，按照"动因—过程—结果"的深层逻辑系统探索产业互联网背景下隐形冠军企业价值创造演化过程与机理。

第四章为中国隐形冠军企业产业多元化的形成路径研究。本章以工信部评选出的"单项冠军"示范企业为研究对象，采用编码的方式处理文本数据，基于模糊集定性比较分析（fsQCA）方法进行前因组态分析，识别出中国隐形冠军实现产业内多元化与产业间多元化的架构类型。

第五章为中国隐形冠军企业融通创新成长路径启示。本章从隐形冠军企业培育的意义、隐形冠军企业融通发展路径展望、隐形冠军企业培育与区域创新生态系统构建的内在联系、基于隐形冠军企业成长的区域创新生态系统构建四个层面详细论述了隐形冠军企业如何构建和融入生态系统。

第六章为研究不足与未来研究展望。本章阐述了本书的研究局限、研究缺憾，并提出了一系列有意义的选题供后续研究进一步关注。


# 第四节　研究方法与技术路线


## 一、研究方法

本书拟综合采用文献研究、纵向单案例研究、模糊集定性比较分析（fsQCA）等研究方法，具体如下：

（一）文献研究法

文献研究的目的在于系统地梳理该领域的理论发展历程、研究现状以及未来发展趋势，本书采用定量和定性相结合的研究方法进行文献综述。通过中国知网、Web of Science 等数据库进行数据检索，收集与隐形冠军、需求方战略等内容相关的文献，由于学界对需求方战略的研究往往较为分散，难以对需求方战略形成体系化、系统化的理论框架，因此本书采用 CiteSpace 软件对需求方战略进行可视化分析，通过引文分析和共词分析梳理理论脉络和研究热点。在此基础上，对行文所需的核心研究成果进行深入阅读，对隐形冠军企业、需求方战略理论进行理论追溯和定义，对构念间可能存在的联系进行梳理和分析。

（二）纵向单案例研究方法

探索性单案例研究通常以典型案例作为研究对象，得到的研究结论有利于读者加深对类似事件的认识，其在理论建构中具有独特的优势（Eisenhardt and Graebner，2007；毛基业、陈诚，2017）。本书为深入探讨产业互联网背景下隐形冠军企业的价值创造演化机理，选择了一家隐形冠军企业为研究对象，通过对案例企业的现场调研，与企业高管直接面对面访谈，互联网、档案等渠道收集企业数据，提炼出与研究主题相关的数据信息。同时，将所选案例划分为三个不同的阶段，基于理性的时间间距对案例进行细致剖析，深入浅出地阐述案例在不同阶段中的不同行为选择，进行理论对接，以期厘清产业互联网背景下隐形冠军企业发展不同阶段价值创造的机理，形成价值创造动态演化过程。

（三）模糊集定性比较分析（fsQCA）方法

定性比较分析（Qualitative Comparative Analysis，QCA）方法是一种探索引致特定结果发生的复杂前因组合的创新方法（Ragin，2014）。不同于传统实证分析方法强调自变量与因变量之间的相关关系，QCA 方法以集合论和布尔代数为理论基础，认为每个前因变量对结果的影响并不是单独起作用的，而是取决于和其他变量的组合。本书对隐形冠军企业产业多元化研究中使用模糊集定性比较分析（fsQCA）方法主要基于以下原因：其一，隐形冠军多元化战略决策是多种因素交互作用的结果，QCA 方法适合分析多个前因变量引致同一结果的交互作用。其二，现实情况与研究结果并不总是严格对称的，即在 X→Y 成立的前提下，~X→~Y 未必成立，而 QCA 方法能够很好地解释非对称的因果关系。其三，相比于传统实证方法对大样本的要求，QCA 方法能够很好地处理中小样本，适合本书小样本的实际研究情况。

## 二、技术路线

本书聚焦于隐形冠军企业融通创新成长路径的研究，基于此研究目的，本书的技术路线如图 1-2 所示。

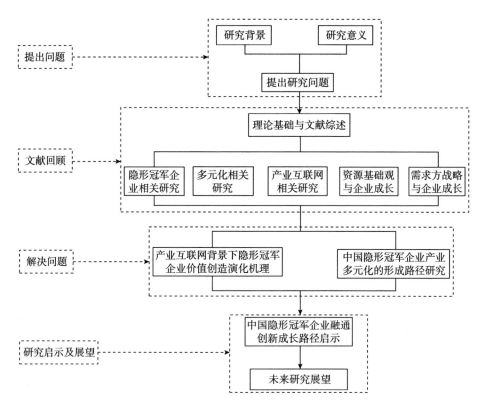

**图 1-2  本书的技术路线**

资料来源：笔者整理。

# 第五节 关键概念界定

## 一、隐形冠军企业

德国管理学家赫尔曼·西蒙（Hermann Simon）发现在德国的中小企业中，存在着很多高度专注，在各自领域拥有极高的市场占有率和强大的市场地位，却并不为公众所熟知的企业，并将这类企业称为"隐形冠军"（Hidden Champions）（Simon，1992，1996）。西蒙对"隐形冠军"的界定标准如表1-1所示。

表1-1 西蒙对"隐形冠军"的界定标准

| 来源 | 界定标准 |
|---|---|
| 西蒙（Simon，1992） | 世界或欧洲市场领导者；中等规模；不被公众熟知 |
| 西蒙（Simon，1996） | 市场份额排名世界前二或欧洲第一；收入低于10亿美元；低公众知名度 |
| 西蒙（Simon，2009） | 市场份额排名世界前三或欧洲第一；收入低于30亿欧元；低公众知名度 |
| 西蒙（Simon，2012） | 市场份额排名世界前三或欧洲第一；收入低于50亿欧元；低公众知名度 |

资料来源：笔者整理。

为明晰隐形冠军企业与其他企业的区别，西蒙于1992年首次对隐形冠军企业进行明确界定，认为企业必须同时符合市场份额处于世界或欧洲市场领先地位、企业规模不大、不被公众熟知三个标准才能被称为"隐形冠军"

（Simon，1992）。1996年，西蒙将三个标准进一步明细为全球市场份额排名欧洲第一或世界前二、收入低于10亿美元、低公众知名度（Simon，1996）。在后续研究中，随着世界经济水平的不断变化，新兴经济体迅速崛起，西蒙继续更新对隐形冠军市场份额和收入规模方面的量化标准，将市场份额逐步调整为排名世界前三或欧洲第一，收入调整至低于50亿欧元（Simon，2012）。

最初对"隐形冠军"的研究主要以德国隐形冠军企业为研究对象，伴随着西蒙对"隐形冠军"研究的不断深入，吸引全球越来越多的学者对此展开深入探索，研究对象也从德国的隐形冠军企业拓展至全球领域内的"隐形冠军"。不同国家的研究者在西蒙对"隐形冠军"界定标准的基础上，根据本国"隐形冠军"发展特点，不断丰富"隐形冠军"的概念内涵。部分国家学者对"隐形冠军"的界定如表1-2所示。

表1-2　"隐形冠军"的界定标准

| 来源 | 国家 | 界定标准 |
|---|---|---|
| Voudouris 等（2000） | 希腊 | 希腊的民族企业；员工数量控制在200~250人；以国际市场为导向；过去五年中财务业绩指标优异 |
| Lee（2009） | 韩国 | 市场份额为韩国国内市场首位，或排名全球前三名；营业收入在1万亿韩元以下 |
| Yoon（2013） | 韩国 | 中小型企业；收入不低于400亿美元；利润高于50亿美元 |
| 雷李楠（2018） | 中国 | 在技术先进性上达到国内第一或在世界排名中名列前茅；具有主动变革和建构国际产业体系中的制度环境的能力（黄群慧等，2017）；低公众知名度；能够不断适应环境以保持业内领先 |
| Purg 等（2016） | 俄罗斯 | 全球或区域领导者；平均收入不低于14.1亿欧元 |
| Petraite 和 Dlugoborskyte（2017） | 立陶宛 | 中小企业；具有知识产权和专有技术；世界市场排名前三或该地区排名第一；国际收入占比达到80%；低公众知名度 |

资料来源：笔者整理。

## 二、多元化

最早关于多元化概念的界定来自20世纪50年代美国学者安索夫（An-soff）在《哈佛商业评论》上发表的题为《多元化战略》的学术研究，他指出多元化是企业发展到一定阶段，为寻求长远发展而采取的一种成长或扩张行为。此后，不同专家学者对多元化的概念进行了多种形式的定义（见表1-3）。

表1-3 不同学者对多元化的定义

| 作者 | 多元化定义 |
|---|---|
| Penrose（1959） | 产品种类的增加、对上下游企业的兼并，以及生产基地的扩建是企业多元化的标志 |
| Chandler（1962） | 以杜邦公司为研究对象，将多元化界定为产品线从单一发展到多样的过程，以产品线的数量来界定企业多元化战略 |
| Gort（1962） | 企业产品市场异质性数目的增加 |
| Rumelt（1974） | 企业结合自身发展水平、经营活动和企业目标，拓展新的经营业务所展现的战略手段 |
| Teece（1980） | 从市场和顾客的角度考察多元化业务之间的不相关性，认为企业多元化是指新的经营活动与原有业务完全无交叉弹性 |
| Pitts 和 Hopkins（1982） | 企业的经营活动同时存在于两个及以上的领域 |
| Berry（1971） | 如果一个企业的产品投放于不同的行业或经营领域，则该企业被视为采取了多元化战略 |
| Ramanujam 和 Varadarajan（1986） | 企业依赖内部业务拓展或者外部并购活动，进入一个或多个此前未涉及的行业，并引起组织内部管理结构变化的过程 |
| 康荣平和 柯银斌（1999） | 通过向不同市场提供产品和服务，实现企业跨行业经营生产活动 |
| 尹义省（1999） | 通过将其自身业务拓展至多个行业，并同时向各个市场提供不同产品和服务，从而使企业能够进入不同市场的成长行为 |

资料来源：笔者整理。

一方面，不同学者对多元化的界定存在概念上的等同混用，即对业务多元化（Business Diversification）、产业多元化（Industry Diversification）以及产品或主营业务多元化（Product Diversification）等概念交替使用（Pitts and Hopkins，1982；Berry，1971）。另一方面，早期学者们对多元化的定义都假设了行业和市场的边界是既定的。然而，在产业互联网背景下，产业融合发展趋向生态化，不同产业之间的联系加深，行业边界模糊，很难判断行业之间的相关程度。因此，本书参考已有研究对多元化概念的界定，以及隐形冠军企业自身定位于狭小细分市场的发展特点，采用产业多元化的概念来表示企业的经营业务存在于不同的细分市场之中。

### 三、产业互联网

"工业互联网"和"产业互联网"的英文翻译均是"Industrial Internet"，但含义不尽相同。美国和德国率先提出并实践的 B2B2C 道路，是希望通过新的信息技术对生产过程进行数据化和智能化改造，从生产过程的数字化和智能化向外扩展到整个产业体系。中国互联网公司提出的 C2B2B 路径，是从需求端出发，往上游扩展，最终对产业的各个环节进行彻底重构。从这一思路来看，中文语境下的工业互联网是产业互联网的一个子集，产业互联网并非简单的企业进行数字化改造，而是基于新基建重点投入的 5G、物联网、大数据、云计算和人工智能等互联网技术与应用，围绕市场的最终需求，对各个产业链及其内部价值链中的每一项活动进行重塑和改造，从而形成新的互联网生态体系，是企业发展模式的彻底变革（Faik et al.，2020）。

### 四、资源基础观

Penrose（1959）首先在其著作《企业成长理论》中提出资源利用理论，

认为充分利用企业内部的"剩余资源"驱动企业实现多元化经营，资源的差异是企业成长的重要因素。具体而言，企业在生产经营的过程中积累了大量未被充分利用的各种资源，包括闲置的机器设备、资金、人力等，在外部竞争的环境压力下，企业本着"物尽其用"的原则，寻找并将企业内部的"剩余资源"投入新的经营活动中。Wernerfelt（1984）等学者在其基础上正式提出资源基础理论（Resource-Based Theory，RBT），从资源的角度挖掘企业如何形成独特的竞争优势。然而，传统资源基础理论过分强调企业拥有的异质性资源，却忽视了企业如何获取和配置资源对于塑造竞争优势的重要作用。通过对资源基础理论的进一步研究，研究者们提出能力理论，认为企业能力的高低决定了多元化战略在纵向和横向水平的拓展程度（胡茂莉，2011）。Markides 和 Williamson（1994）从资产的改善、创立、裂变三个方面将企业能力构建为"战略资产"，并提出"战略资产"的相关性越强，越能助力企业成长。

### 五、需求方战略

需求方战略即基于消费者需求的企业战略（李卅立等，2016；Priem et al.，2012）。Priem 等（2013）结合以往研究成果，明确将"需求基础观"定义为：从焦点企业向下游展望，关注产品市场和购买者，以解释和预测那些在价值体系中增加价值创造的管理决策。其中，价值体系下游不仅包含最终产品的消费者或顾客（Consumers），也包含作为企业直接服务对象的客户（Customer）以及作为产品或服务使用者的用户（User）（Madhok et al.，2011）。作为企业产品和服务的购买对象，这三者在一定条件下可以相互转换。由于顾客和消费行为属于市场营销领域的研究主题，早期并没有引起战略管理学者的充分关注。Priem（2007）指出要从需求的角度看待战略管理相关问题，企业的战略决策必须充分考虑到市场细分和消费者偏好（Madhok et al.，2011），并进一步强调基于消费者异质性的战略可以帮助企业获得持续性竞争优势。因此，通过重点考虑消费者动态的、异质的、有时是潜在的需求（Priem et al.，2012），开发通过服务这些需求创造价值的解决方案，能帮助企业在竞争中获得有利地位。在需求方视角下，"消费者获利体验"用以衡量企业为消费者创造价值的需求方战略是否有效。消费者被认为是价值的仲裁者，因为他们认可或拒绝这些创新的价值（Priem，2007）。

在传统资源基础观核心观点的基础上，需求方战略得以建立并不断发展。基于上述理论分析，需求方战略与供给方战略的比较如表1-4所示。

表1-4　需求方战略与供给方战略的比较

| | 需求方战略 | 供给方战略 |
|---|---|---|
| 基本假设 | 市场异质、资源异质性 | 市场同质、资源异质性 |
| 关注焦点 | 消费者和产品市场 | 供应商和要素市场 |
| 战略选择出发点 | 企业根据客户和消费者需求变化制定战略决策 | 企业凭借内部资源包括所有资产、组织流程、企业特性等构建和实施战略 |
| 战略选择关注点 | 为客户提供更高价值 | 寻求并保护宝贵资源 |
| 竞争优势来源 | 消费者的消费体验 | 价值性、稀缺性、不可模仿性和不可替代性的企业资源 |
| 附加价值提供方式 | 向消费者提供产品或服务组合，以提高单个产品或服务所提供的消费者效用，实现需求方协同 | 跨产品市场的资源共享，实现生产方协同 |
| 代表性文献 | Priem（2007）；Priem 等（2012）；Priem 等（2013）；Ye 等（2012）；李卅立 等（2016） | Barney（1991）；Lockett 等（2009）；张璐等（2021） |

资料来源：笔者整理。

# 第六节 创新点

基于已有隐形冠军企业的研究，本书综合采用探索性单案例研究方法和 fsQCA 方法探究隐形冠军企业融通创新成长路径。本书可能存在如下创新点：

首先，在研究情境上，本书深入分析产业互联网背景下隐形冠军企业的纵向成长过程，随着数字技术被广泛应用于制造行业，产业边界逐渐趋于零，一些多年来精耕细作于自身领域内的隐形冠军企业顺势而为，纷纷布局产业互联网，向行业输出优势资源，而已有研究多集中于对隐形冠军企业成功经验的总结，本书对隐形冠军企业在动态环境中表现出的价值创造特点的研究将为中国隐形冠军企业的具体实践与管理理论提供新的发展思路。

其次，在研究视角上，本书突破了以往多从供给方出发为企业自身创造价值的禁锢，以需求方战略理论为基础，挖掘出隐形冠军企业调整内部结构的需求方变化因素，系统考虑了价值主张指引下需求方战略资源、需求方能力在隐形冠军企业价值创造中的作用，响应和拓宽了 Manral 和 Harrigan（2018）针对需求方能力的研究，丰富了现有需求方战略理论研究。同时，本书将需求方战略与价值创造理论深度融合，从需求方视角拓展了价值创造过程研究，为后续研究方向提供启发。进一步地，本书从整体布局出发，探究了供应方企业核心能力，需求方客户群，客户关系与市场环境、制度环境互动的复杂关系，基于供给侧和需求侧的协同驱动作用，拓宽产业多元化研究视角。

最后，从研究方法来看，本书研究综合采用了纵向单案例研究方法和fsQCA 方法探究中国隐形冠军企业融通创新成长路径，既是对不同研究方法在战略领域运用的拓展，也为"隐形冠军"研究提供了新思路，有助于从整体视角和战略视角解释隐形冠军企业成长的过程机制。

# 第二章

# 文献综述

## 第一节　隐形冠军企业相关研究

### 一、隐形冠军企业特征及研究现状

#### （一）隐形冠军企业基本特征

相较于其他一般型企业，隐形冠军企业拥有其独有的特征。西蒙（Simon，1996）首次从核心能力、内部能力、外部机会三个层面构建了隐形冠军企业获得竞争优势，即强有力的领导、远大的目标、依靠自身专长、挑选和激励员工、持续创新、专注利基市场、竞争优势、贴近客户和全球导向（李森等，2020）。随着研究的持续推进，西蒙（Simon，2009）在核心能力层面将拥有强有力的领导和远大的目标合并为拥有远大目标的领导力。在内部能力层面，将挑选和激励员工进一步提炼为高绩效员工，将依靠自身专长和持续创新修改为深度和分散权力，深度强调隐形冠军企业业务的专一和深入，分散权力则突出隐形冠军企业高度垂直整合业务时探索新业务的过程，并将创新从内部能力转变成外部机会。同时进一步突出客户和专注利基市场的重要性，竞争优势逐渐作为结果变量而被剔除外部机会范畴，具体变化如表 2-1 所示。

**表 2-1　隐形冠军企业特征变化**

| 维度 | 西蒙（Simon，1996） | 西蒙（Simon，2009） |
|---|---|---|
| 核心能力 | 强有力的领导 | 拥有远大目标的领导力 |
| | 远大的目标 | |
| 内部能力 | 依靠自身专长 | 深度 |
| | 挑选和激励员工 | 高绩效员工 |
| | 持续创新 | 分散权力 |
| 外部机会 | 专注利基市场 | 专注利基市场 |
| | 竞争优势 | 创新 |
| | 贴近客户 | 贴近客户 |
| | 全球导向 | 全球化 |

资料来源：李森，吴德龙，夏恩君，等．国外隐形冠军研究综述与展望［J］．技术经济，2020，39（1）：10-18+42.

1. 核心能力

西蒙（Simon，2009）通过对德国中小企业的观察研究，认为拥有远大目标的领导是隐形冠军企业可持续发展的核心要素。拥有勇敢无畏、专心致志、激励员工、良好的教育背景、扎实的专业技能等特质的隐形冠军企业的领导者可以帮助他们看到独特的市场机会（王治国，2021），在行业内建立自己的竞争壁垒。目前，有超过 2/3 的隐形冠军企业处于世界细分市场的领导地位，对领导力持之以恒的追求使其始终保持一定的市场份额。Petraite 和

Dlugoborskyte（2017）运用多案例研究，识别出以企业家精神为主线对组织能力和网络的组合是隐形冠军企业成长的关键要素，并据此区分了四种类型的隐形冠军企业，即全球研发密集型网络专家、全球研发密集的创新者、卓越的专有技术驱动的全球价值链探索者和面向全球市场的价值创造者。Purg等（2016）通过对俄罗斯家族企业中隐形冠军的调查追踪，得出这些企业在动态发展市场环境中成功的关键因素，进一步论证了领导者管理风格在隐形冠军企业的成长中发挥着不可磨灭的作用。

2. 内部能力

隐形冠军企业的内部能力着重强调对企业内部组织结构的调整，如隐形冠军企业在开拓新业务或多国经营时，往往会建立权力分散、以客户为中心的组织结构。强烈的分权意识以及在生产、研发过程中的高度垂直整合使隐形冠军企业始终保持活力，也保证了较低的员工流动率和更高的员工满意度。此外，隐形冠军企业关注高技能的人才储备和培养，通常采取精益管理手段，用极小的员工数量保证较高的生产效率和绩效水平，力图使每一个员工都有超出平均水平的工作能力。Lehmann 等（2019）直接指出隐形冠军企业保持强劲和持续的国际业绩主要来源于高水平的人力资本，尤其是熟练技术工人。究其根源，巩固和提升内部能力的主要目的在于确保企业在复杂的环境下依然能够集中精力应对客户需求。

3. 外部机会

隐形冠军企业的外部机会突出外部因素对企业内部资源调整、能力提升的影响。通常情况下，隐形冠军企业拥有精确的市场地位，一旦选择了某个市场，就会对这个市场做出长期承诺，其竞争优势主要源于产品质量、技术与创新、产品线、服务等（王治国，2021）。因此，专注于某一领域对于隐形冠军企业而言十分关键，这为企业其他经营活动提供了基本保障。许惠龙和康荣平（2003）指出隐形冠军企业应该高度专注于某一个细分领域，并强调产品的专业性和完美性，而不是向广度延伸。

隐形冠军企业不同于大企业看重专业的营销计划，它们更注重与客户的亲密关系，关注客户需求，为客户提供优质服务和价值，从而为自身创造价值。相比于一般工业企业，隐形冠军企业贴近客户的程度比大企业高出5倍。Din等（2013）将隐形冠军概念首次应用于瑞典，详细分析了此类企业长期生存并占据领导地位的原因，指出私有制、与客户的密切关系、人力资源实践、非正式组织结构、知识管理、一体化领导和非正式网络因素会对隐形冠军企业的创新绩效产生积极影响。其中，与客户的密切关系使企业在始终提供比竞争对手更高质量的产品或服务的同时高效满足客户更多的附加需求。这一研究将隐形冠军企业贴近客户的研究进一步深化为网络关系对其创新绩效的正向影响。

高度创新性是隐形冠军企业的另一个重要特征，Yoon（2013）采用定量方法探讨了隐形冠军企业的创新活动，证实了持续创新是隐形冠军企业的重要战略要点。Rammer和Spielkamp（2019）将创新视为构成隐形冠军企业竞争优势的关键支柱，指出偏爱自主研发和流程优化的典型特征是隐形冠军企业在市场竞争中立于不败之地的重要秘诀。其创新的灵感主要来源于与客户的持续互动，从而实现增量式甚至是激进式的创新，以巩固自身市场地位（Voudouris et al.，2000）。

相当一部分的隐形冠军企业拥有超过50%的全球市场份额，甚至在其相关市场拥有70%~90%的份额，而只有少数大型跨国公司取得了类似的市场地位。由于在同一个行业，客户需求具有相似性，相比于开发新的产品市场，隐形冠军企业更容易在同一行业内实现不同地区的市场扩张，不断扩大的客户需求促使隐形冠军企业将市场瞄准至更广阔的全球领域。Schlepphorst 等

（2016）通过计量经济学评估模型对 60 家隐形冠军企业及 346 家非隐形冠军企业进行比较，进一步验证了已有研究中的观点，即国际化活动正向影响企业发展成为"隐形冠军"的可能。

从隐形冠军企业的特征可以看出：一方面，企业能力为外部机会的抓取奠定了基础，外部机会为企业能力的生成和提升指明了方向。例如，同一行业领域的线性高度垂直整合为企业有深度的专注开基立业；隐形冠军企业通过密集的研发活动和技术流程改进实现产品领先，这些创新完全是由隐形冠军企业的员工产生的，而不是通过联盟或其他形式的创新创造的（Rant and Cerne，2017）；在国际化战略的引导下，为打开全球市场，满足全球不同的需求变化，隐形冠军企业会建立独立的、新的公司以满足其开拓新业务的需要。另一方面，虽然贴近顾客是隐形冠军企业的重要特征已成为共识，但往往将其视为其中的一个特征割裂看待，事实上，无论是内部能力的提升，还是外部机会的捕捉，都离不开对客户需求的关注。其一，在企业内部能力上，深度更多表现为产品附加值的提高，即努力为客户提供整体的问题解决方案，隐形冠军企业采用事业部制等去中心化的组织结构分散权力，并积极组建高绩效的高管团队，其主要目的在于确保企业在复杂的环境下依然能够集中精力应对客户需求。其二，在外部机会上，有深度的专注致力于通过生产高质量产品提高顾客的支付意愿，降低需求的弹性；大部分隐形冠军企业通过与客户的持续互动，成功地实现了增量式甚至是激进式的创新，从而巩固了自身的市场地位，在市场和客户的驱动下不断创新；当隐形冠军企业发展到一定的阶段，为突破国内利基市场的小容量限制，隐形冠军企业会抢占全球市场份额，在全球建立销售和服务体系。通过分析可知，隐形冠军企业对于需求方的关注渗透于其发展的各个方面，处于产业链的中游，不直接面向终端市场的特征决定了企业若想战略选择与市场需求不背道而驰，需要更加充分地了解顾客需求，在努力维护顾客关系的同时提高顾客黏性。

（二）隐形冠军企业发展战略

1. 专一化战略

隐形冠军企业依靠精确的市场定位和重点专注策略成为某一细分领域的市场领导者，并且持续占有市场领导地位（赫尔曼·西蒙，2015）。一方面，就多数隐形冠军企业而言，它们只关注一个狭小的细分市场，并致力于成为这一超级利基市场（小众市场）的供应商和市场占有者。其中，许多隐形冠军占据某一细分领域大部分甚至全部的世界市场份额。通常情况下，隐形冠军企业拥有精确的市场定位，一旦选择了某个市场，就会对这个市场做出长期承诺。研究表明，隐形冠军企业平均每隔 10～15 年才会重新进行市场定位。另一方面，隐形冠军通常侧重于将大部分的资源集中于某一个方面的内容，如潜心于价值链的某一特定环节（赫尔曼·西蒙，2015）。这些需要重点关注的内容往往互相重叠并且随着时间的改变而改变。虽然在这个小市场里企业增长受到了限制，但正是这样的限制有效地制造了市场进入壁垒。许惠龙和康荣平（2003）认为隐形冠军企业应该高度专注于某一个细分领域，并强调产品的专业性和完美性，而不是向广度延伸。而且，隐形冠军企业的多元化程度相当低，它们通过在利基市场执行专一化战略而获得竞争优势（汪洋、徐宏杰，2014）。葛宝山和王治国（2020）从创业的角度提出，产品和市场的专一、专业化是隐形冠军企业精一创业的战略要点。余欣（2020）强调"隐"于专注，采取"聚焦"策略，将资源集中于细分市场的某一产品是隐形冠军企业取得成功的关键。

然而，隐形冠军企业依赖于单一市场，与其各自的市场紧密相连，由此而存在的风险也不容小觑。经营单一产品的隐形冠军企业面临三种类型的风险：一是对单一市场的依赖，使企业极容易受到外部环境波动的影响，如客户流失可能会造成企业经营危机。二是高价的利基市场可能遭受来自低价普通产品的攻击。这主要是来自竞争对手的威胁，它们会在与隐形冠军企业相同或相类似的技术上取得优势，从而使隐形冠军企业丧失"优势地位"。三是受限于利基市场非常小的市场容量，容易遇到发展"天花板"。同时，企业所在生产地区的高劳动成本会导致高生产成本，从而使企业处于竞争劣势地位。图 2-1 显示了市场风险和竞争风险之间的相互关系。赫尔曼·西蒙（2015）认为不存在一个高或低的整体风险评估，但是隐形冠军企业可以在较高风险和较低风险的市场之间做出选择（反之亦然）。从这个意义上讲，既没有一个专一化战略也没有一个多元化战略可以在根本上胜出对方一筹，但是考虑到大量多元化失败的案例，绝大多数隐形冠军企业往往倾向于更低风险的专一化战略。

|  | 市场风险 | |
|---|---|---|
|  | 低 | 高 |
| 竞争风险 低 |  | 隐形冠军企业的专一化战略 |
| 竞争风险 高 | 典型大企业的多元化战略 |  |

**图 2-1 隐形冠军企业专一化战略的其他风险**

资料来源：赫尔曼·西蒙. 隐形冠军：未来全球化的先锋［M］. 张帆，吴君，刘惠宇，等，译.

北京：机械工业出版社，2015：121.

2. 国际化战略

1999～2009 年，赫尔曼·西蒙（2015）对全球 3060 家隐形冠军企业进行跟踪调查，发现开拓海外市场成为众多隐形冠军企业的战略选择。作为隐形冠军企业战略的第二支柱，全球化为隐形冠军企业突破市场容量限制、实现企业增长提供动力。国际化战略成功的实质性基础在于同一个行业内的相似客户需求。相比于开发新的产品市场，隐形冠军企业更容易在同一行业内实现不同地区的市场扩张。此外，全球化战略也为隐形冠军企业抵御全球产业整合或经济衰退等风险提供了支持（Noy，2010）。一方面，在全球市场范围内设立营销机构，不仅可以使隐形冠军企业更贴近客户，与海外不同地区的客户建立紧密联系，还可以使企业更快、更精准地捕捉客户需求，及时提供相应的产品和服务（Voudouris et al.，2000；Yoon，2013）。另一方面，全球市场布局有助于隐形冠军企业突破利基市场的小容量限制，通过汇集多个终端产品供应商（客户）的订单，使企业获得规模经济和范围经济（赫尔曼·西蒙，2015）。

学者们认为大部分隐形冠军企业并没有遵循传统的国际化路径，按照出口、销售代理、海外建立子公司、设厂生产的步骤进行国际化扩张（Schlepphorst et al.，2016）。为了提高效率加速国际化进程，大部分企业会跳过其中几个阶段。尽管少部分隐形冠军企业属于"天生全球化"企业，它们的市场和产品从一开始就立足于全球，并且通过互联网或大规模的资本投资市场尽可能快速地向全球渗透，使行业标准可以几乎"毫不费力"地在全球传播（Rennie，1993）。但是，赫尔曼·西蒙（2015）认为大部分隐形冠军企业不属于"天生全球化"的范畴，因为它们需要进行宣传，要建立销售和服务体系，而这些往往受制于有限的财力和人力资源。此外，企业规模、建立年限以及所处行业的差异也导致了隐形冠军企业在国际化路径选择方面的不同（Witt，2015）。

### 3. 多元化战略

理论界和实践界对于隐形冠军企业是否应该多元化争议不断。不同于日本和德国隐形冠军企业成长于发展成熟的政商体系和营商环境，中国隐形冠军企业大多发迹于20世纪90年代。相比于德国隐形冠军企业平均66年的发展历史，中国仅有5%的隐形冠军企业发展时间超过60年，整体存续时间不长。作为过去30年里世界上发展最快的国家，我国营商环境日新月异，在国家经济高速增长的同时，也为中国企业发展带来高度不确定性，中国隐形冠军企业在成长过程中面临更大的机遇与挑战。

企业所在利基市场需求饱和、市场占有率达到"天花板"或技术创新遇到瓶颈，都会迫使企业转移重点或进入新市场。尽管全球化战略为隐形冠军企业打开了市场容量，但由于缺乏海外运营经验，仅有23.5%的中国隐形冠军企业选择国际化道路（王益民等，2019）。在这种情况下，隐形冠军企业需要在专注和多元化策略中取得平衡。事实上，近一半的中国隐形冠军企业表示认同或已经选择多元化作为突破发展瓶颈的重要战略举措。尚林（2012）指出，专业化和多元化并不是割裂和对立的，隐形冠军企业可以将两者结合，形成螺旋式上升。赫尔曼·西蒙（2015）在《隐形冠军》一书中指出，随着经济社会的发展，隐形冠军企业不断成长并呈现出雇员多元化、创新多元化和发展方向多元化的新特点。

现有研究对隐形冠军企业多元化的动因总结主要基于以下三点展开：一是适应市场竞争的需要。对于身处超级利基市场的隐形冠军企业而言，随着新竞争者的加入，市场需求饱和，企业触及专业化发展"天花板"（尚林，2012），企业亟须寻找新的业务增长点。二是规避经营风险的需要。风险分散理论认为企业通过多元化经营可以降低企业的破产风险（Lewellen，

1971），维持盈利的稳定性（Gort，1962）。外部环境的剧变会对聚焦于单一产品业务的隐形冠军企业造成重大影响，通过在产业间或产业内多个利基市场增设产品线，利用产品组合能够有效提高企业应对风险的能力。三是做大做强的欲望驱动。企业的第一要义是存续和发展，隐形冠军企业也不例外。面对已经饱和的产品市场，企业很难进一步提升绩效。小众产品由于市场容量的限制，触到发展"天花板"只是时间问题。为了打破僵局，企业会选择走多元化道路，同时投资几个产品线，生产附加值更高的产品，从而提高企业的盈利能力。

隐形冠军企业多元化并不意味着可以任意多元化，而是应在主营业务的基础上扩大经营范围，兼顾"多元化"发展（张建红，2009；尚林，2012）。赫尔曼·西蒙（2015）指出，隐形冠军企业是以一种"适度"多元化的方式进入新市场，即围绕自身技术或客户开发新业务。通过进入与原有业务或客户群相关的上下游领域实现多业务经营，成为隐形冠军企业多元化发展的有效选择（赵晶，2015）。王益民等（2019）根据中国隐形冠军企业的发展特点，总结出三种隐形冠军企业多元化发展模式，即围绕核心技术多种应用的"专精核心能力"相关多元化、满足潜在客户需求的"需求协同型"相关多元化和具备先天条件进入多行业发展的"裂变式"多元化。

（三）隐形冠军企业的度量方法

1. 隐形冠军企业的评价标准

国内外不同学者在赫尔曼·西蒙研究的基础上，结合所在国家或地区的实际发展对隐形冠军企业的界定做出不同程度的调整。Voudouris 等（2000）和 Frietsch（2015）分别以希腊企业和德国企业为研究对象，在赫尔曼·西蒙的研究基础之上，提出在过去 5 年中企业须拥有优异的财务绩效指标。Lee（2009）结合韩国市场发展情况，将韩国隐形冠军企业的标准界定为营业收入低于1万亿韩元、占据韩国国内细分领域最大市场份额或名列世界前三的韩国企业。随后韩国中小企业管理局（Yoon，2013）对这一标准进行补充，将隐形冠军企业界定为收入不低于400亿美元，利润不低于50亿美元的中小型企业。一些学者对绩效增长做出规定，以确认隐形冠军企业的持续领先地位。Kim（2016）认为隐形冠军企业主要通过自有资金开展创新活动和业务经营，较少进行外部融资。Petraite和Dlugoborskyte（2017）强调隐形冠军企业的出口业务占其总收入的80%以上。此外，还有部分学者通过对企业员工数量做出规定来确保隐形冠军企业的中小企业规模（Frietsch，2015；Voudouris et al.，2000）。

2016年，我国工信部按照单项产品销售收入占企业全部业务收入的比重在70%以上，单项产品市场占有率居全球前三位，生产技术、工艺国际领先，产品质量精良，相关关键性能指标处于国际同类产品的领先水平，利润率超过同期同行业企业的总体水平的标准，发起"单项冠军"示范企业评选活动。此外，国内学者也试图根据中国发展特色定义隐形冠军企业。Yu和Chen（2009）在赫尔曼·西蒙研究的基础上，结合中国市场发展情况提出以市场份额来衡量企业市场地位的标准，即中国隐形冠军企业的销售收入应小于1亿欧元。徐宏宇和陈超（2015）基于竞争情报方法，量化了中国隐形冠军企业在市场地位、销售额和外界知名度方面的判断标准。徐天舒和朱天一（2017）通过对比以往文献总结出隐形冠军制造企业区别于一般制造企业的发展特点，并进一步采用层次分析（AHP）方法提炼出"专精特新"的主要特征指标及权重。

2. 隐形冠军企业的研究方法

在研究方法上，国内外学者多采用以案例为主的质性研究方法展开对隐形冠军企业的讨论。Hanna（2005）以14家加拿大林业隐形冠军企业为对象展开案例研究，通过本土化发展、成长以及网络布局战略分析，整合柔性专业化以及价值链理论研究。Din 等（2013）通过探索性多案例研究发现，隐形冠军企业的长期成功根植于聚焦战略、柔性多元化、紧密的客户关系、产品质量考究、定制化服务等。赵晶（2015）结合国际化理论，通过案例分析提出隐形冠军企业知识整合与国际化进入模式绩效差异之间的关系，为我国其他隐形冠军企业的国际化发展提供思路。李金华（2019）通过对比中国制造"单项冠军"企业与"独角兽"企业的不同发展路径，总结出中国制造"单项冠军"企业在地区分布、经济增长以及行业和类型分布上的特点。杜晶晶和胡登峰（2020）通过文献述评，结合区域创新生态系统的构建，指出应从总体布局出发，营造有利于隐形冠军企业成长的外部环境。葛宝山和王治国（2020）基于创业视角展开隐形冠军企业"机会—资源一体化"文献述评，并进一步指出未来研究方向。也有部分学者采用实证的方式展开对隐形冠军企业的研究。Buse 和 Tiwari（2014）通过实证调查发现，定位于东道国高端市场并且选择在企业总部进行产品研发的产品发展战略，会使隐形冠军企业损失大量"价廉质优"的客户。Schlepphorst 等（2016）采用计量经济学评估模型，将隐形冠军企业与一般企业做比较，发现研发、国际化活动以及对于市场份额的投入正向影响企业发展成为"隐形冠军"的可能。赵驰和周勤（2013）、朱利江（2015）采用面板数据，对赫尔曼·西蒙等学者推崇的隐形冠军企业成功特质进行实证检验。

少数学者尝试采用定性定量相结合的研究方法回答中国隐形冠军企业的成长特点。雷李楠（2018）基于 fsQCA 方法，从战略谋划的结构属性和内容维度出发，探究隐形冠军企业高水平管理认知的影响因素。杨丽丽等（2021）以 98 家"单项冠军"制造企业为样本，运用 fsQCA 研究方法探讨了中小企业自主创新的多重动力因素及作用机制，提出本土隐形冠军企业自主创新存在内部驱动、外部驱动和内外协同驱动三种动力模式。

## 二、隐形冠军企业成长与创新路径研究

### (一) 管理认知视角

Lei 和 Wu（2020）从管理认知视角出发，讨论管理认知结构的两个重要结构属性——集中性和复杂性对隐形冠军企业成长的作用。在战略谋划中心性的作用下，企业把资源集中在单一行业避免了资源分配不当的窘境，并充分积累丰富的行业经验，促使以"专、精"为发展模式的隐形冠军企业获得持续竞争优势。战略谋划的复杂性反映了嵌入信息结构中知识的广度和多样化程度。复杂的战略谋划能够给企业提供多元的外部信息（Stabell，1978），并转化为更强的信息处理能力（Dollinger，1984）。在复杂多元的竞争环境中，复杂的战略谋划不仅增加了隐形冠军企业产生新想法的可能性（Auh and Menguc，2005），而且能够提前对行业发展的趋势进行判断，以适应外部环境的频繁调整与变化（Miller et al.，1996）。

由于隐形冠军企业的决策者或高层管理团队成员必须充分了解环境的变化，因此他们的认知结构在很大程度上受到环境的影响（Daft and Weick，1984；Kiesler and Sproull，1982）。为进一步分析战略谋划结构属性对隐形冠军企业成长的作用机制，Lei 和 Wu（2020）将产业环境和区域环境纳入研究框架，指出当产业集中度高，集中的战略谋划会使隐形冠军企业从外部环境获取信息的方式受限，导致企业战略决策的片面和偏见。然而，当产业进入相对成熟的阶段，战略谋划的复杂性在集中的产业群下会建立对行业发展环境和未来发展趋势的全面了解。基于此，Lei 和 Wu（2020）指出产业集中度越高，战略谋划中心性在隐形冠军企业成长过程中发挥的作用越弱，而复杂性会对隐形冠军企业成长的过程产生更强的积极效用。

针对区域环境在其过程机制中发挥的作用，Lei 和 Wu（2020）认为市场化程度较高的地区，高度集中的战略模式会使企业倾向于使用现有认知结构观察环境变化，导致这些企业忽视新的或不熟悉的外部变化，难以获取有关竞争环境的整体信息。而在复杂的战略模式下，隐形冠军企业会积极在不确定的环境中进行动态学习（Miller et al.，1996），从而可以更好地注意到环境变化，并相应地调整其战略。因此，在市场化程度较高的地区，复杂战略谋划相较于集中性战略谋划在隐形冠军企业成长中能够发挥更积极的促进作用。

（二）创业视角

葛宝山和王治国（2020）在研究中发现隐形冠军企业的成长具有典型的创业型企业的特征，为此，他们突破了以往创业研究过多聚焦于大企业创业的局限，将研究视线转移至隐形冠军企业，从创业视角系统研究隐形冠军企业的成长过程，以"机会—资源"这一创业过程机理为主线，并构建了隐形冠军企业"影响因素—创业过程—创业绩效"创业模型，如图2-2所示。

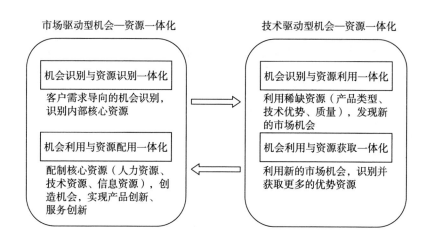

**图2-2　隐形冠军企业创业模型**

资料来源：葛宝山，王治国．隐形冠军企业创业研究述评及展望［J］．外国经济与管理，2020，42（11）：20-32.

由于隐形冠军企业的目标是产品领先和国际细分市场的冠军地位，因此葛宝山和王治国（2020）指出其创业过程主要集中于产品（服务）创新和国际市场开发。其中，产品创新开发主要源于消费者需求变化，企业根据市场需求进行资源适配并进行产品（服务）创新，形成市场驱动型机会—资源一体化。国际市场的开发过程需要企业内部优势资源的加持，以期为客户提供诸如以知识密集型科技产品为代表的高技术产品和专业化服务（赫尔曼·西蒙，2015）。在这一背景下，企业利用稀缺资源识别国际细分市场的新机会，并据此利用机会扩大细分市场，获取更多技术资源、客户资源、资金资源等，完成技术驱动型机会—资源一体化创业过程。

隐形冠军企业具备的市场驱动和技术驱动双驱动特点使企业在市场需求牵引下，能够识别出符合用户需求的市场机会，通过对机会的利用与开发进一步实现更多资源的获取，并为新的机会识别创造更多可能性。因此，隐形冠军企业创业过程中市场驱动型机会—资源一体化过程和技术驱动型机会—资源一体化过程相互促进，相互平衡，驱动隐形冠军企业实现可持续成长。

为进一步打开隐形冠军企业创业过程机制的"黑箱"，葛宝山和赵丽仪（2022）引入精一战略，实证检验了精一战略在隐形冠军企业创业过程机制中发挥的作用。精一战略由聚焦战略和专业化战略发展而来，在其基础上添加了生命周期理论，表示在整个生命周期中始终坚持聚焦于特定细分市场和满足行业内特定客户需求，并不断提升专业化程度来获得战略优势（葛宝山、王治国，2020）。由于需求方的不断变化，企业需要不断在产品和服务上进行创新以满足细分市场的多元变化，精一战略的专注性使企业可以在细分市场不断聚集优势资源，识别潜在市场机会，从而帮助企业保持高绩效、高收益。在这一过程中，不断获取新知识和汲取需求变化信息的吸收能力发挥着举足轻重的作用。较高的吸收能力有助于隐形冠军企业快速感知外部需求变化，及时识别市场机会并迅速做出反应，向市场推出符合用户需求的新产品或提供新服务。此外，隐形冠军企业可以吸收新知识并将其纳入企业自身的知识库，进一步地通过组织学习来提升自身资源优势，形成难以模仿的竞争优势，保证企业在细分市场上始终占据核心位置。

### 三、中国隐形冠军企业成长的特殊性

"隐形冠军"的概念虽然源于德国，但是中国隐形冠军企业的数量却在持续上升。首先，中国68%的出口规模源于规模少于2000人的公司的贡献，这与德国隐形冠军企业的相关数据不谋而合。其次，赫尔曼·西蒙指出，中国的企业家比任何其他国家的企业家都更推崇"隐形冠军"的概念，他们身体力行，以极大的热情学习并实践德国隐形冠军企业的战略。最后，为应对中国经济发展方式的转变，中国企业发展布局也在从"大而全"向"大而强""小而精"转变，为此中国政府一直以来不断积极鼓励并扶持隐形冠军企业的发展。

2011年，工信部发布《"十二五"中小企业成长规划》，首次以正式文件提出将"专精特新"发展方向作为中小企业转型升级、转变发展方式的重要途径。2020年，工信部等17部委发布《关于健全支持中小企业发展制度的若干意见》，进一步指出要健全"专精特新"中小企业、专精特新"小巨人"企业和制造业单项冠军企业梯度培育体系、标准体系和评价机制，引导中小企业走"专精特新"之路。我国对隐形冠军企业的关注如表2-2所示。

基于对隐形冠军企业的关注，工信部于2016年开始评选认证"单项冠军"企业，并于2018年开始评选认证"小巨人"企业。李平和孙黎（2021）提出将中国"单项冠军"企业与"小巨人"企业统称为"精一赢家"，即具

表 2-2 我国对隐形冠军企业的政策变化

| 发文时间 | 发文机构 | 政策名称 | 主要内容 |
|---|---|---|---|
| 2011 年 9 月 | 工信部 | 《"十二五"中小企业成长规划》 | 首次提出将"专精特新"发展方向作为中小企业转型升级、转变发展方式的重要途径,形成一批"小而优""小而强"的企业 |
| 2012 年 4 月 | 国务院 | 《国务院关于进一步支持小型微型企业健康发展的意见》 | 首次提出鼓励小型微型企业发展现代服务业、战略性新产业、现代农业和文化产业,走"专精特新"和大企业协作配套发展的道路 |
| 2014 年 1 月 | 工信部等 9 部门 | 《关于促进劳动密集型中小企业健康发展的指导意见》 | 加快企业转型升级,支持企业走"专精特新"和产业集聚发展道路 |
| 2015 年 7 月 | 工信部 | 《工业和信息化部关于进一步促进产业集群发展的指导意见》 | 鼓励和引导中小企业与龙头骨干企业开展多种形式的经济技术合作,建立稳定的供应、生产、销售等协作、配套关系,提高专业化协作水平,完善产业链,打造创新链,提升价值链,推动中小企业"专精特新"发展,培育和发展一批成长性好的企业 |
| 2020 年 7 月 | 工信部等 17 部门 | 《关于健全支持中小企业发展制度的若干意见》 | 健全"专精特新"中小企业、专精特新"小巨人"企业和制造业单项冠军企业梯度培育体系、标准体系和评价机制,引导中小企业走"专精特新"之路 |
| 2021 年 2 月 | 财政部、工信部 | 《关于支持"专精特新"中小企业高质量发展的通知》 | 通过中央财政资金引导,促进上下联动,将培优中小企业与做强产业相结合,加快培育一批专注于细分市场、聚焦主业、创新能力强、成长性好的专精特新"小巨人"企业,推动提升专精特新"小巨人"企业的数量和质量,助力实体经济特别是制造业做实做强做优,提升产业链供应链的稳定性和竞争力 |
| 2021 年 7 月 | 工信部等 6 部门 | 《工业和信息化部 科技部 财政部 商务部 国务院国有资产监督管理委员会 中国证券监督管理委员会关于加快培育发展制造业优质企业的指导意见》 | 构建优质企业梯度培育格局。分类制定完善遴选标准,选树"小巨人"企业、单项冠军企业、领航企业标杆。健全梯度培育工作机制,引导"专精特新"中小企业成长为国内市场领先的"小巨人"企业,聚焦重点行业和领域,引导"小巨人"等各类企业成长为国际市场领先的单项冠军企业,引导大企业集团发展成为具有生态主导力、国际竞争力的领航企业 |

资料来源:笔者整理。

有中国特色的"隐形冠军"。制造业"单项冠军"是指长期专注于制造业某些特定细分产品市场,生产技术或工艺国际领先,单项产品市场占有率位居全球前列的企业。对于专精特新"小巨人"国家目前已经开展了三批相关工作,其评价指标一脉相承了赫尔曼·西蒙对于"隐形冠军"的定义,在中国的政策环境和产业环境下进行了适当的调整,根据每年中小企业的发展状况,并在国家大政方针指引下及时更新。例如,在经济效益上,2018年明确规定上年度营业收入为1亿~4亿元,近2年主营业务收入或净利润的平均增长率达到10%以上;2020年将其调整为近2年主营业务收入或净利润的平均增长率达到5%以上。国家对专精特新"小巨人"的评选规则变化如表2-3所示。

表2-3 专精特新"小巨人"的评选规则变化

| 时间 | 来源 | 标准 |
|---|---|---|
| 2018年11月 | 《工业和信息化部办公厅关于开展专精特新"小巨人"企业培育工作的通知》 | (1)经济效益:上年度企业营业收入在1亿~4亿元,近2年主营业务收入或净利润的平均增长率达到10%以上,企业资产负债率不高于70%。<br>(2)专业化程度:企业从事特定细分市场时间达到3年及以上,其主营业务收入占本企业营业收入的70%以上,主导产品享有较高知名度,且细分市场占有率在全国名列前茅或全省前3位(如有多个主要产品的,产品之间应有直接关联性)。<br>(3)创新能力:近2年企业研发经费支出占营业收入比重在同行业中名列前茅,从事研发和相关技术创新活动的科技人员占企业职工总数的比例不低于15%,至少获得5项与主要产品相关的发明专利,或15项及以上实用新型专利、外观设计专利。近2年企业主持或者参与制(修)订至少1项相关业务领域国际标准、国家标准或行业标准。<br>(4)经营管理:企业有完整的精细化管理方案,取得相关质量管理体系认证。企业实施系统化品牌培育战略并取得良好绩效,拥有自主品牌,获得省级及以上名牌产品或驰名商标1项以上。企业产品生产执行标准达到国际或国内先进水平,或是产品通过发达国家和地区的产品认证(国际标准协会行业认证)。企业已建立规范化的顾客满意度评测机制或产品追溯体系 |

续表

| 时间 | 来源 | 标准 |
|---|---|---|
| 2020 年 7 月 | 《工业和信息化部办公厅关于开展第二批专精特新"小巨人"企业培育工作的通知》 | (1) 经济效益：上年度企业营业收入在 1 亿元以上，近 2 年主营业务收入或净利润的平均增长率达到 10% 以上，企业资产负债率不高于 70%。<br>(2) 专业化程度：企业从事特定细分市场时间达到 3 年及以上，其主营业务收入占营业收入 70% 以上，主导产品享有较高知名度，且细分市场占有率位于全省前 3 位（如有多个主要产品的，产品之间应有直接关联性）。<br>(3) 创新能力：近 2 年企业研发经费支出占营业收入比重不低于 3%，从事研发和相关技术创新活动的科技人员占企业职工总数的比例不低于 15%。企业具有自主知识产权的核心技术和科技成果，具备良好的科技成果转化能力。企业自建或与高等院校、科研机构联合建立研发机构，具备完成技术创新任务所必备的技术开发仪器设备条件或环境（设立技术研究院、企业技术中心、企业工程中心、院士专家工作站、博士后工作站等）。在研发设计、生产制造、供应链管理等环节，至少 1 项核心业务采用信息系统支撑。<br>(4) 经营管理：企业有完整的精细化管理方案，取得相关质量管理体系认证。企业实施系统化品牌培育战略并取得良好绩效，拥有自主品牌。企业产品生产执行国际、国内、行业标准等，或是产品通过发达国家和地区产品认证（国际标准协会行业认证） |
| 2021 年 4 月 | 《工业和信息化部办公厅关于开展第三批专精特新"小巨人"企业培育工作的通知》 | (1) 经济效益：截至上年末的近 2 年主营业务收入或净利润的平均增长率达到 5% 以上，企业资产负债率不高于 70%。<br>(2) 专业化程度：截至上年末，企业从事特定细分市场时间达到 3 年及以上；主营业务收入占营业收入达 70% 以上；主导产品在细分市场占有率位于全省前 3 位，且在国内细分行业中享有较高知名度和影响力。<br>(3) 创新能力：企业拥有有效发明专利（含集成电路布图设计专有权，下同）2 项或实用新型专利、外观设计专利、软件著作权 5 项及以上；自建或与高等院校、科研机构联合建立研发机构，设立技术研究院、企业技术中心、企业工程中心、院士专家工作站、博士后工作站等；企业在研发设计、生产制造、供应链管理等环节，至少 1 项核心业务采用信息系统支撑。<br>(4) 经营管理：企业拥有自主品牌；取得相关管理体系认证，或产品生产执行国际、国内、行业标准，或是产品通过发达国家和地区产品认证（国际标准协会行业认证） |

诸多学者积极响应国家号召，纷纷以隐形冠军企业为研究对象，从具体实践出发，探究我国隐形冠军企业的成长突破口。邓地（2019）将我国隐形

冠军的发展划分为三个阶段，筛选出各个阶段的代表性企业并以它们的战略重点为突破口，论证了深度聚焦的关键作用，指出只有聚焦才能做强，才能创业、守业。中国企业由于受到经济政策等外部因素的影响，往往会利用多元化实现扩张。在"一元"业务基础之上兼顾"多元化"发展的观点得到不少学者的支持。王益民等（2019）根据中国隐形冠军企业的发展特点，总结出三种隐形冠军企业多元化发展模式，即围绕核心技术多种应用的"专精核心能力"相关多元化、满足潜在客户需求的"需求协同型"相关多元化和具备先天条件进入多行业发展的"裂变式"多元化。杜晶晶等（2023）基于21家中国制造业单项冠军示范企业数据，从"供给侧—需求侧—外部环境"的研究框架出发，总结出中国隐形冠军的产业内多元化和产业间多元化的不同成长路径。进一步地，李平和孙黎（2021）基于宁波余姚舜宇光学的案例，指出中国"隐形冠军"独特战略布局就是"T型战略"：一方面企业持续纵向深挖技术与品牌护城河，即业务专一化（Specialization）；另一方面则不断横向拓宽产品与客户体验的相邻应用场景，即业务多元化（Diversification）。雷李楠和谭子雁（2021）从国家创新体系出发，指出隐形冠军企业若想形成长期竞争力，必须突破关键核心技术。为此必须要发挥隐形冠军企业的引领性作用，带领产业链中企业由低成本集群向创新型集群转变，形成以隐形冠军企业为中心，大中小企业协同创新、融合发展的产业生态。李振东等（2023）基于"迈尔斯—斯诺"战略类型分析框架，运用组态视角对我国制造业"单项冠军"企业的生产运作方式与创新发展模式展开深入探究，将隐形冠军企业的创新战略模式总结为探索式数字创新战略模式和双元数字创新战略模式，并强调在动荡的外部环境下，对市场需求的强感知能力是隐形冠军企业获取高绩效的关键条件。

# 第二节　多元化相关研究

## 一、产业内多元化和产业间多元化

### (一) 产业内多元化

产业内多元化是指企业在一个产业内的多个细分市场中存在产品线（Li and Greenwood，2004；Stern and Henderson，2004）。从定义上来看，产业内多元化是相关多元化的一种类型，即产业内多元化可以被认为是对相关多元化更精细的划分（Li and Greenwood，2004；Tanriverdi and Lee，2008）。此外，产业内多元化并不等同于产品细分。从本质上来说，产业内多元化是企业在同一个产业内不同细分市场之间开发新产品和业务的行为。产品细分则体现为产品类型的多样化，具体表现为产品性能、外观等方面的差异，但本质上仍是同一产品（Gort，1962）。

企业进行产业内多元化的最初动力来自企业有机会利用其无形资产来开发市场机会（Gort，1962；Teece，1980）。Zahavi 和 Lavie（2013）的研究表明，主营业务为单一产品的企业可以在多个产品类别中利用其特定超额资产，尤其是无形资产。因此，产业内多元化可以使企业将在客户群、分销渠道、现有技术或产品知识等方面积累的资源应用到核心行业的其他产品类别中，尽可能发挥企业资源和能力的最大效用，从而提高企业绩效（Tanriverdi and Lee，2008）。在同一个产业内经营多个产品类别有助于企业内部知识扩散，从而增强企业的技术知识、核心能力和竞争力（Stern and Henderson，2004）。

Li 和 Greenwood（2004）认为，产业内多元化使企业通过加强对利益相关者的市场支配力，以及将投资风险分散到不同的产品类别来减少收入波动，这可以帮助企业进一步提高盈利能力。此外，产业内多元化还可以促使企业利用不同产品类别之间的协同作用实现多重范围经济，并以此作为提高企业绩效的重要手段（Tanriverdi and Lee，2008；Zahavi and Lavie，2013）。

就企业绩效而言，有学者猜测产业内多元化可能与相关多元化取得类似的绩效水平。然而，研究发现，产业内多元化并不总是与绩效是正相关。相反，根据测量绩效指标的差异，企业在产业内多元化的绩效表现既有积极正相关，也有消极负相关（Zahavi and Lavie，2013；Barroso and Giarratana，2013）。Li 和 Greenwood（2004）通过对加拿大一般保险业企业进行研究，发现产业内多元化与资产回报率之间没有显著关联。Stern 和 Henderson（2004）的研究表明产业内多元化会对企业产生负面影响和低绩效结果。Tanriverdi 和 Lee（2008）以软件公司为研究对象，发现软件企业平台范围多元化与其市场份额负呈相关，而其产品市场范围多元化与其销售增长呈正相关。

（二）产业间多元化

产业间多元化是指企业在不同行业间扩张新业务（Pitts and Hopkins，1982；Chandler，1962；Gort，1962）。与非相关多元化不同，发展产业间多元化的企业进入不同行业，所经营的业务与现有主营业务之间可以是相关的也可以是不相关的。Pitts 和 Hopkins（1982）认为产业间多元化就是指企业经营不同的业务。Chandler（1962）研究发现，随着单一产品线拓展至多个产品线，企业经济效益和组织规模都得到扩大。Gort（1962）提出通过对产品所在行业进行分类的方法来测量企业多元化水平。

现有研究分析了驱动企业发展产业间多元化的两个主要动因：一是产业间多元化通过协同效应产生的正面价值。战略研究者发现跨业务协同是企业进行产业间多元化的主要动力（Porter，1985；Wade and Hulland，2004）。通过自身能力与业务领域匹配，可以降低企业成本和系统风险，实现生产与分销的范围经济，从而创造更稳定的现金流等（Teece，1980）。二是产业间多元化可能会带来资源浪费的负面价值，如企业内部的非理性投资、产生跨部门补贴并降低资源配置的有效性等，会使企业在组织管理和资源分配方面产生混乱（Denis et al.，1997）。此外，产业间多元化与绩效的关系已被广泛研究，尽管研究结果有一些差异，但大多数学者认为产业间多元化和企业绩效之间呈倒"U"形关系（Palepu，1985；Geringer et al.，2000）。

（三）产业内多元化与产业间多元化的关系

以往研究强调企业的跨产业多元化行为（Gort，1962），忽视了产业内活动的多元化。随着产业分工的精细化，一个行业被划分为多个高度相关的子行业，并且随着技术的成熟和专业化发展，不同子行业之间形成不同程度的行业壁垒。这是由于专业化水平极高的各细分行业在结构和价值链上的"分歧"，使不同子行业之间在技术、分销渠道和供货模式等方面展现出较大差异（王彬燕等，2017）。此外，产业间多元化的研究将专注于单一业务的企业视为一个连贯的群体，而不考虑其产品多样性的差异（Li and Greenwood，2004），忽略了同一产业内不同细分市场中由于生产活动的异质性所带来的子行业之间的差异性。实际上，产业内多元化比产业间多元化更为普遍，并且可被视为产业间多元化的自然先驱（Zahavi and Lavie，2013）。

尽管产业内多元化呈现出有限的产品组合多样性，但研究表明产业内多元化和产业间多元化在绩效方面表现出较大的差异性（Tanriverdi and Lee，2008）。Li 和 Greenwood（2004）通过讨论限制范围经济和阐述学习行为的负向转移作用，推进了产业内多元化研究，并证明与产业间多元化相关的理论和发现不能直接应用于产业内多元化研究。Zahavi 和 Lavie（2013）认为产业内多元化和产业间的多元化存在根本不同。一方面，在其行业范围内实现产品线多元化发展的企业不太可能经历范围不经济和不相关多元化所带来的典型组织挑战；另一方面，在产品多样性较低的情况下，这类企业可能会遇到学习障碍和范围经济的限制。

## 二、多元化相关理论

### （一）生产者协同

1965年，Ansoff将协同的理念引入企业管理领域，协同理论成为企业采取多元化战略的重要理论基础。可以将协同效应理解为"1+1>2"，即企业通过对"剩余资源"的重新配置与整合，创造出新的竞争优势，这与经济学原理中的"搭便车"现象类似。多元化战略研究者发现企业的协同效应来自企业内部和外部两个方面，并由此产生了两种重要的协同效应：生产者协同和消费者协同（Porter，1985；Wade and Hulland，2004）。

Porter（1985）基于产品多元化提出生产者协同的概念，即企业的有形资产和无形资源会随着自身价值活动范围的扩大而得到积累。他认为，当多元化企业能够在不同业务单元之间共享资源，或者将专业的知识、技能应用到其他业务场景时，企业多元化就会产生积极的协同作用。这种由于资源相关性而产生的协同作用可以被企业所利用（Rumelt，1974）。Robins和Weirsema（2003）对Porter的观点进行补充，他们认为通过共享战略资源或能力可以将企业的不同投资组合联系在一起，发挥出"1+1>2"的效果。此后，学者们基于生产者视角，以不同类型的企业为研究对象，提出协同效应贯穿企业多元化战略实施以及生产经营的全过程，即在生产技术、市场、组织管理以及人力资源等方面都会产生积极的协同作用（彭纪生等，2008）。协同效应在帮助企业提高自身技术和生产水平的同时，还为企业在拓新供销渠道、提高组织管理效率、优化人员配置等方面做出贡献（谢卫红等，2017）。

（二）消费者协同

"一站式服务"和双边市场体现了消费者协同的作用机理，即通过向消费者提供产品或服务组合来创造附加价值，以提高单个产品或服务所提供的消费者效用，进而为企业带来额外收益（Ye et al.，2012）。消费者协同的实现有赖于与企业反复交易的一组客户群愿意从同一个多元化卖方那里购买多个产品，并且企业能够提供满足其潜在需求的产品或服务组合（Ye et al.，2012；Manral and Harrigan，2016；Schmidt et al.，2016）。在此之前，也有一些战略管理学者主张关注需求方在战略决策中的作用。Adner 和 Zemsky（2006）提出客户需求的变化是影响企业技术开发投资的决定性因素。Larsson 和 Bowen（1989）提出协同服务相互依赖方式的研究框架。在这个框架中，客户作为一种特殊的输入变量参与到整个服务的生产和传输过程中，并强调员工和客户能够共同影响服务系统的设计和协调。Porter（1985）基于生产者协同视角，认为企业应该考虑相关多元化的"适配性"，以获得更好的绩效，甚至不惜以牺牲企业增长为代价。然而，从客户协同的角度来看，通过客户需求方面的关联性和协同配合，多元化企业的增长和绩效可以同时实现（Ye et al.，2012）。随着经济发展，企业的战略决策从以生产导向为主逐渐向以服务为主进行转变，客户层面或需求视角的研究应受到更多关注（林正刚、周碧华，2011）。

**三、隐形冠军企业产业多元化战略的驱动因素**

企业经营战略的选择与制定受到内外部因素的影响。对于内部而言，企业根据掌握的资源能力禀赋，即"企业能够做什么"来决定是否实施多元化战略（苏敬勤、刘静，2012）；对于外部而言，"企业能够做什么"和"应该做什么"，即市场环境与制度环境，成为企业多元化战略的重要动因（汪秀琼等，2021）。下面从内部、外部两个方面分析隐形冠军企业产业多元化战略的驱动因素。

（一）内部驱动因素

企业多元化的最主要动因在于协同效应。协同效应理论认为企业通过对"剩余资源"的重新配置与整合，创造出新的竞争优势，达到"1+1>2"的效果。随着战略管理理论的演进，对于协同效应的关注经历了从生产者视角向消费者视角的转变。当企业在不同业务单元之间共享资源，或者将专业的知识、技能应用到其他业务场景时，企业多元化就会产生协同效应，Porter（1985）将其称为生产者协同。生产者协同的实现与企业核心能力密切相关。企业核心能力的高低决定其对各种资源的整合利用程度，以及协同效应的产生，从而影响企业多元化战略在纵向和横向水平的拓展程度，如关于产业间多元化的讨论通常侧重于从范围经济或跨业务部门的技能转移中获得生产者协同（Ye et al.，2012）。在这一理论看来，此时的消费者需求仍然是外生的。

近些年，一些学者开始从需求侧方向来研究战略问题，"一站式服务"和双边市场体现了消费者协同的作用机理，即通过向消费者提供产品或服务组合来创造附加价值，以提高单个产品或服务所提供的消费者效用，进而为企业带来额外收益（Ye et al.，2012）。当与企业反复交易的一组客户群愿意从同一个卖方那里购买多个产品，并且企业能够提供满足其潜在需求的产品或服务组合时（Manral and Harrigan，2018），消费者协同得以实现。此时，产业内产品多元化通常侧重于产品捆绑带来的协同效应，这样可以降低生产者成本或为消费者提供便利。在双边市场中，跨群体的外部性导致消费者效用的互补增加，消费者协同甚至可以通过产业间多样化来实现（Ye et al.，2012）。

隐形冠军企业独特的战略逻辑凸显了两种协同效应。从生产方来说，技术领先和持续创新成为隐形冠军企业的重要标签（赫尔曼·西蒙，2015）。持续高强度的创新投入塑造了隐形冠军企业更强的核心竞争力，有助于在适应不同应用场景的过程中将其效用最大化（Prahalad and Hamel，2010）。从消费方来说，作为价值链中间环节的制造企业，隐形冠军企业不直接接触终端消费者，其客户具有高度的异质性，而隐形冠军企业"贴近客户"的战略特点决定了其始终围绕客户需求展开经营活动（赫尔曼·西蒙，2015），客户群的扩大及客户关系的建立均有助于隐形冠军企业产业内多元化战略的实施。Din 等（2013）通过对瑞典隐形冠军企业的经验总结，认为它们的长期成功正是植根于生产方与消费方联动的"软多元化战略"，即通过与客户的密切关系和员工承诺的不断创新，始终提供比竞争对手更高的质量和额外的功能。然而，随着平台经济的出现，尤其在双边市场中，跨群体的外部性导致消费者效用的互补增长，产业间多元化带来的协同效应正成为隐形冠军企业多元化成长的全新动力（杜晶晶、胡登峰，2020）。

（二）外部驱动因素

中国企业正处于经济社会转型的关键时期，市场环境和制度环境对中国隐形冠军企业多元化战略起着较为特殊的作用（曹向等，2020）。面对技术的快速变化，市场机会的不断涌现，通过多样化产品线来抓住这些市场机会对于企业的成功而言至关重要（Chatterjee and Wernerfelt，1991）。因此，在不确定的市场环境下，扩大产品组合以利用多个利基市场的产品线需求，是中小企业摆脱现有企业主导地位的基础（Colombo et al.，2014）。不同行业特性、竞争强度对企业多元化类型的选择均有重要影响（Smeritschnig et al.，2020）。另外，企业往往通过多元化战略主动适应外部制度环境（曹向等，

2020）。在新兴经济体的制度空白下，中小企业可以填补企业生态系统中的产品市场空白和缺口以帮助其从范围经济中获得收益，行业内多元化对新兴市场中小企业成长具有积极意义（Pangboonyanon and Kalasin，2018）。国家政策变化一直是我国企业面临的主要不确定性制度因素。这是因为政府经常将自身政策目标内化于企业（田伟，2007），采用政府补贴或限制规定等方式引导产业发展。在面临政府政策变化时，企业应积极采取行动实现多元化，通过多元化扩张获取更多领域的政策支持以充分发掘企业价值（曹向等，2020）。因此，市场不确定性和政策支持成为影响中国隐形冠军企业产业多元化战略的重要外部驱动力。

综上所述，虽然有关多元化战略的研究由来已久，但缺乏从整体视角分析产业内外多元化战略的驱动机制。首先，对于多元化这种重要的战略决策而言，受到企业内部资源能力、外部市场需求和产业环境的共同影响，仅从单一因素分析多元化驱动机制是片面的、不客观的（汪秀琼等，2021）。其次，在数字经济背景下，生产者协同与消费者协同的作用场景发生了变化，产业内多元化与产业间多元化也并非是循序渐进的，其可能同时发生且交互影响。因此，企业多元化路径呈现出不同的动因与成长轨迹（Subramaniam et al.，2019），值得进一步探究。最后，从研究对象来看，对于隐形冠军企业这类具备独特战略逻辑的企业，多元化现象的争论仅停留在表面，缺乏对其背后动因及其复杂驱动机制的深入探索，多种因素联动的并发效应在隐形冠军企业多元化战略上体现得尤为明显。为解释隐形冠军企业"为什么多元化"，以及"如何实现多元化"这一系列问题，本书将从整体视角出发，运用 fsQCA 方法，基于"供给侧—需求侧—外部环境"的研究思路（见图2-3），探究驱动中国隐形冠军企业产业多元化发展的关键要素，厘清因素间协同关系引发的不同实现路径。

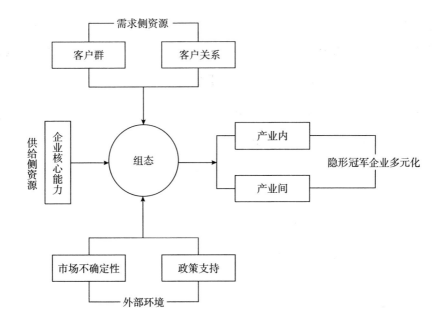

**图 2-3　隐形冠军企业多元化驱动机制模型**

资料来源：笔者整理。

# 第三节　产业互联网相关研究

## 一、产业互联网与消费互联网

产业互联网在消费互联网的基础上蓬勃发展，相较于消费互联网中各生态体自行其是，产业互联网更突出共同体这一特征，在产业领军企业的指引下，对从原料端到消费端的产业链上的资源进行整合，重构价值链创造过程，以期实现价值链上所有利益相关者的利益共享（林楠等，2022），相比于将两者的关系描述为并列前行，产业互联网更像是消费互联网的递进。首先，在主导力量上，消费互联网由于多依托于智能终端的使用，其更倾向于互联网企业，而传感器等智能技术渗透至供应链全过程，使产业互联网的服务主体多为传统企业。其次，消费互联网强调对消费者异质需求的关注，而产业互联网则将关注点扩大至产业链条上所有利益相关者的需求，突出生态系统的共生共享。最后，在最终目的上，消费互联网致力于实现产品更有效的流通和销售，产业互联网在此基础上，进一步强调优化组织结构，合理利用、共享资源，以实现生态圈内利益相关者的价值创造。

**二、产业互联网与传统制造业**

产业互联网背景下互联网原生企业与传统制造业的发展呈现出两种不同的路径，对于互联网平台企业而言，需要向提供全套解决方案转变，传统制造业则需要吸纳平台上的要素，改变传统线性的逻辑链条。当前已有研究从传统产业跨界融合的微观策略和路径出发，认为"互联网+"可以通过帮助企业进行技术创新和商业模式创新来驱动传统产业跨界融合（吴琴、巫强，2020）。余菲菲和高霞（2018）以三家制造业企业为研究对象，指出产业互联网背景下中国制造业转型需要积极向其他行业进行跨界融合，而前期的技术积累和资源基础将影响其转型的效果和路径。还有学者以制造业企业工业互联网平台的建设、制造业平台型组织的转型等具体情境（吕文晶等，2019；王凤彬等，2019），从不同层面对工业互联网的智能制造模式与企业平台建设进行了解构。周文辉等（2023）基于创业共创视角，指出传统制造业将通过"瓶颈识别—创业共创—平台构建"这一逻辑进行产业互联网平台建设。林楠等（2022）以欧冶云商为研究对象深度解构了产业互联网如何赋能企业发展，即通过技术与人才的协同作用实现动态赋能，以优化产业链整体效率。吕铁（2020）从平台系统架构视角出发，提出了做强核心层、做精应用层和规范接口层等推进我国工业互联网产业高质量发展的变革路径及相应保障措施。这些研究多从技术或组织层面展开，或从政策分析层面提出产业互联网发展的有利因素，很少有研究从过程视角探究产业互联网的演化路径和内生动力问题。

## 第四节　资源基础观与企业成长

### 一、资源基础观的演进

（一）传统资源观

传统资源基础理论延续 Penrose（1959）的观点，以企业所拥有的资源为决策出发点，认为企业成长的源泉是企业的内部资源，企业内部的资源和能力是企业绩效和发展方向的坚实基础，拥有有价值的、难以模仿的、稀缺的和不可替代的资源可以帮助企业达到提升竞争优势和获取超额利润的目的。但是传统资源基础观一方面过分强调企业所拥有的异质性资源对于构建核心能力与竞争优势的重要意义，忽略了对资源形成与演变过程以及如何获取和配置关键资源以提升企业能力进而塑造竞争优势的深入探讨，另一方面高速变化的企业环境开始挑战资源基础理论中所忽视的市场动态性假设。因此，基于传统资源基础理论的动态能力观由此应运而生。

（二）动态资源基础观

Teece 和 Shuen（1997）以资源基础观为基础，提出动态能力是企业整合、重新配置内外部资源以应对快速变化的环境的能力。作为考虑动态情境下企业如何利用资源以获取持续竞争优势的重要理论构念，其弥补了传统资源基础观仅基于静态视角探究异质性资源存量在竞争中重要作用的局限。后续学术界在 Teece 和 Shuen 研究的基础上不断丰富对于动态能力的理解，从要素论、流程论和层次论三个视角对动态能力展开研究。基于要素论视角展开的研究认为动态能力是一个多维聚合的结构（Barreto，2010），如协调能力、学习能力、重构能力（Teece and Shuen，1997），以及感知能力、利用能力、转型能力（Teece，2007）等。从流程论视角展开的研究延续了 Teece 和 Shuen（1997）提出的"位势—过程—路径"的动态能力分析框架，认为动态能力的本质是由资产位势打造的并通过演化和共演路径实现的组织过程。其中，位势是企业持有的资源禀赋，由于存在资源位势差，企业需要选择适合的路径以实现资源整合和重构的目的（朱晓红等，2019）。基于层次论的视角展开的研究认为动态能力是一种高阶能力（Helfat and Winter，2011）。普通能力或"零阶"能力是企业在短期内"谋生"的能力，而动态能力则是通过扩展、修改或创造普通能力，帮助企业进行变革（Winter，2003）。动态资源基础观从动态视角出发阐释了资源存量与持续竞争优势之间的连接关系，但就资源形成及配置的具体机制依旧缺乏理论回应。为此后续学者继续从行动视角出发，深入探讨组织聚焦内外部资源的动态行为在组织资源积累与能力构建之间的关键作用及内在机制。

（三）资源编排理论

Sirmon 等（2011）从行动视角整合了资源管理和资产编排的研究结果，构建了资源管理框架，提出了资源编排理论，该理论强调企业对于资源和能力的有效组合、配置和利用，认为管理资源与资源同等重要。资源编排理论涵盖构建资源组合、捆绑资源形成能力到利用能力创造价值的资源管理过程，揭示了从资源到持续竞争优势的中间过程。资源编排包括三个子过程：资源结构化、资源能力化和资源杠杆化。资源结构化是指对资源组合的管理，包括获取、积累和剥离资源。资源能力化是指整合资源以构建或改变能力，包括稳定、丰富和开拓能力。资源杠杆化是指运用能力为客户创造价值，为所有者创造财富，包括调动、协调和部署资源。目前，资源编排理论已广泛应用于创新、创业、战略变革等领域，学者研究也证实了资源编排的重要意义。创业生态系统具有共生性、多样性、竞争性、自我维持性和网络性特征（蔡莉等，2016），导致生态系统资源更具多样性和互补性。新创企业作为创业生态系统内重要的组成，自身资源和能力较弱，能否获取系统支持构建资源组合、形成核心能力与创造客户价值是其成长的关键。因此，资源编排可以有效推动创业生态系统中新创企业获取整合利用资源，实现可持续成长。

**二、资源编排与新创企业成长**

传统资源基础理论强调静态资源对于企业核心竞争力的重要作用，认为企业的竞争优势来源于具有价值性、稀缺性、不可模仿性、不可替代性的资源（Barney，1991）。部分学者指出资源基础理论忽视资源的动态性及其形成演变过程，对于企业如何利用资源获取竞争优势也并未进行阐述（Chirico et al.，2011）。Sirmon 等（2011）整合了资源管理和资产编排的研究结果，构建了资源编排的理论框架，以便从理论上阐述资源协调和组合的重要性，以及将资源重组的竞争优势转化为创新产出。资源编排理论探究了资源转化为持续竞争优势的中间过程，认为仅仅拥有资源并不能保证竞争优势获取成长，还必须积累、捆绑和利用资源，即管理资源与资源同等重要（Sirmon et al.，2011）。在初始条件类似的情况下，企业成长结果的异质性可能是由于在资源结构化、能力化和杠杆化方面做出的选择造成的。此外，资源编排也会弱化外部环境对企业生存发展的不利影响（邓渝，2021），正确的资源管理行为能帮助企业高效利用环境资源，降低交易成本，获取竞争优势。

新创企业由于成立时间较短、规模较小，获取外部资源的能力有限，因此对于资源的有效管理显得更为重要。Choi 等（2020）以创业导向为出发点，认为资源编排对于新创企业的成长至关重要，因为其可以帮助企业克服自身资源弱势的问题，还可以根据企业成长不同时期进行动态调整。黄昊等（2020）基于资源与能力共演化视角，认为资源编排与新创企业成长相互依存，企业对资源的有效获取、整合利用，可以促进企业创业能力的形成与提升，助力企业成长。黄艳等（2020）从社会资本的视角关注了新创企业成长绩效和资源的关系，发现企业对于资源的有效合理使用提高了企业创业成效。杨栩和李润茂（2023）认为在动态能力视角下，资源编排能帮助企业提升获取资源的质量，提升新创企业成长的水平，适应动态变化的外部环境。资源编排包括三个子过程：资源结构化、资源能力化和资源杠杆化。

（一）资源结构化

资源结构化是指资源组合的管理，包括获取、积累和剥离资源，是企业控制的所有资源（有形和无形资产）的总和。获取是指从战略要素市场购买资源（Barney，1986）。企业通过从外部获取相关资源，改变现有能力或创建新的能力来应对环境变化，识别和发现新的机会。积累是指资源的内部开发。积累是必要的，因为战略要素市场不太可能为企业提供所需的所有资源，特别是在资源较为匮乏的情况下。剥离是指企业对控制资源的剥离。企业拥有的资源有限，因此必须积极评估现有资源并剥离价值较低的资源，以获得或积累更高价值的资源（Sirmon and Hitt，2003）。裁员、非核心业务的剥离、特定资产的出售、业务的分拆和职能的外包都是战略性资源剥离的例子。

（二）资源能力化

资源能力化是指资源的组合，以构建或改变能力，包括稳定、丰富和开拓。能力化是形成能力的过程。企业资源组合中的资源被整合（即能力化）以创造能力，每种能力都是独特的资源组合，使企业能够采取旨在为客户创造价值的具体行动（如营销、研发等）。稳定是指对现有能力进行微小增量的改进，通常拥有当前竞争优势的企业会利用稳定来保持这种优势。丰富的目的是扩展和完善现有能力，企业可以通过丰富现有的能力来提供比竞争对手更大的价值，从而获得竞争优势。开拓是指创造新能力以应对企业竞争环境。资源开拓强调创新性，企业通过整合开发现有资源，识别开发新的创业机会，从而维持企业竞争优势。

（三）资源杠杆化

资源杠杆化是指应用能力为客户创造价值，为所有者创造财富，包括动员、协调和部署资源。动员是指确定支持开发市场机会所需的必要能力配置，以利用市场机遇并获得竞争优势。动员需要设计杠杆战略，特定的杠杆战略通常与企业的能力及其环境有关。有效的杠杆作用很重要，企业有效利用企业能力才能发挥企业拥有或控制资源和能力的价值。协调的目的是以有效且高效的方式整合动员的能力，创建能力配置。邓渝（2021）探究了资源动员和资源协调在联盟组合情境下对于新创企业成长的重要作用，发现资源杠杆化过程有利于弱化资源多样性对企业成长的不利影响。部署指实际使用能力配置来支持所选杠杆战略的过程，包括资源优势战略、市场机会战略或创业战略。协调和部署能力配置对于实施资源利用战略至关重要，能帮助企业通过获取的资源组合实现持续性的竞争优势。

现有学者已证实资源编排对新创企业成长的积极影响，认为卓越绩效源自对资源的有效管理。资源的有效管理存在以下三个标准（张青、华志兵，2020）：一是协同性，即资源编排各个流程之间的相互匹配，单一的资源组合构建或只强调价值创造也会导致企业绩效的降低。二是动态性，即强调资源编排行动的持续性，随着环境的变化，资源编排行动随之予以调整。三是权变性，即资源编排行动与外部情境之间的匹配，企业面对不同的资源情境，资源编排行动应有所侧重，采取不同的战略选择（Floyd and Lane，2000）。创业生态系统中资源更具多样性和互补性，但现有资源编排理论对于创业生态系统情境缺乏关注。创业生态系统情境对资源编排提出了新的要求，资源编排不再局限于企业内部资源的自主管理，而是跨组织边界的多主体驱动的资源调用与协调（韩炜等，2021）。资源编排与外部生态系统资源情境互动演化推动企业持续成长，资源情境与资源行动相匹配是企业将获取资源转化为自身能力的必要桥梁。因此，资源编排对新创企业成长绩效的影响还取决于外部的资源情境。

# 第五节　需求方战略与企业成长

## 一、需求方战略研究概述

### （一）需求方战略来源

在战略管理领域，资源基础观（Resource-Based View）相当长一段时期始终占据统治地位，研究者更多把价值创造的源泉集中于企业内部（有价值的资源），假设产品市场是恒定的，要素市场具有差异性（Barney，1991），强调企业在要素市场中寻找并拥有有价值的、难以模仿的、稀缺的和不可替代的资源，从而创造竞争优势（Barney，1991；张璐等，2021）。随着互联网经济的到来，一切发生了很大的变化，基于需求方的观点挑战了资源基础观

中的市场同质性假设，认为市场需求是多维变化的（Priem，2007）。Priem
（2007）指出，将价值视为"内生"的资源基础观会限制战略领域的创新发
现，如互联网背景下的社群经济等，很难从单一的内部资源视角进行解释（李
卅立等，2016；Kraaijenbrink et al.，2010）。于是Priem（2007）率先将顾客引
入理论框架，提出了消费者获利体验（Customer Benefit Experienced）的观点，
认为价值创造来源于消费者对消费利益的感知和体验。公司战略的成功与否
受到消费者体验到利益多少的直接影响。企业通过提供利益，诱使有意愿的
消费者进行支付，是企业增加利润收入、提升竞争优势的先决条件。此外，
Priem（2007）还详细评估了影响消费者利益感知的三个因素，即消费者对产
品的人力资本积累、消费时间等成本、价值评估的替代系统。例如，减少消
费者购买商品时在时间、运输和信息收集方面的成本将会促使消费者有更多
的消费行为；特定产品的更多人力投入将使消费者在消费过程中获得更大的
利益。

（二）需求方在不同学科领域的研究比较

学界对市场与消费者的关注由来已久，不同学科领域也从各自研究视角
出发强调需求端的重要性。市场营销是研究顾客行为的传统学科，认为顾客
以及市场需求会对企业利润率产生影响。但是其研究通常在职能层面进行
（Siqueira et al.，2015），侧重企业在市场销售和售后服务等基本活动中通过
加强客户互动，增强支付意愿（Porter，1985），完成购买行为，从而实现企
业销售业绩的增长。随着企业与用户连接方式便利性的提升，创新创业领域
的研究开始将不同主体纳入到企业创新合作中（高良谋、马文甲，2014），
如用户创新领域将用户作为创新主体引入创新的前端和中间阶段，为企业提
供直接创意或间接创新知识（焦媛媛等，2022）。开放式创新作为创新全过
程的开放行为，在用户基础上进一步丰富创新主体，使其参与创新的各个阶

段（Chesbrough and Prencipe，2008），并最终实现企业创新绩效的提升。但是此类研究的结果往往只关注产品创新、研发创新等创新绩效，对于用户等需求端如何提供企业整体价值增值、创造竞争优势的过程却不甚明了。需求方战略从战略管理学科的基本假设出发，将消费者等价值体系下游利益相关者引入理论框架（Priem，2007），不仅解决了资源基础观价值内生的问题，还将战略视角从企业内部转向外部。在需求方视角下，消费者可以更多地参与价值链的支持活动，强调通过基于需求方的战略决策，提升消费者获利体验，为消费者创造价值，从而引发消费者的支付意愿，最终提升企业竞争优势（Priem et al.，2012；Priem et al.，2013）。需求方在不同学科领域的研究比较如表 2-4 所示。

表 2-4　需求方在不同学科领域的研究比较

| | 市场营销领域 | 创新创业领域 | | 战略管理领域 |
| --- | --- | --- | --- | --- |
| 代表性理论 | 消费者管理理论 | 用户创新 | 开放式创新 | 需求方战略 |
| 定义 | 企业对消费者的调查、沟通、教育、引导等一系列活动 | 用户对产品和服务所提出的改进方案或新设想 | 通过知识流入和流出，整合企业内外部创新资源进行研发，从而实现商业化的创新范式 | 从焦点企业向下游展望，关注产品市场和购买者，以解释和预测那些在价值体系中增加价值创造的管理决策 |
| 基本假设 | 价值内生 | 价值外生 | | 价值外生 |
| 研究对象 | 消费者 | 用户 | 用户、供应商、竞争者、公共以及商业研究机构等 | 用户、客户、消费者 |
| 作用过程 | 价值链的基本活动 | 创新的前端和中间阶段 | 创新的前端阶段、中期的开发阶段、后期的商业化阶段 | 价值链的支持活动 |
| 结果 | 销售绩效 | 创新绩效 | | 竞争优势 |
| 代表性文献 | Payne 和 Frow（2005） | Chesbrough 和 Prencipe（2008）；焦媛媛等（2022） | | 李卅立等（2016）；Priem（2007）；Priem 等（2012） |

资料来源：笔者整理。

（三）需求方战略研究现状

1. 年度发文数量

本书对收集到的 215 篇文献进行了年度分布统计（见图 2-4）。从整体上看，需求方战略相关研究呈增长态势，并在 2017~2021 年呈现快速增长趋势，2021 年相关文章已经多达 36 篇。2012 年之前，发文量低但稳步增长，意味着该领域相关积淀还不成熟但已经吸引诸多学者的关注。自 2018 年以来，伴随学界对数字经济（Nambisan，2017）、生态系统（Jacobide et al.，2018）的关注，推动需求方战略相关研究内容更加多样化，不断拓宽研究边界，发文量迅速增长并推动该领域逐渐走向成熟。

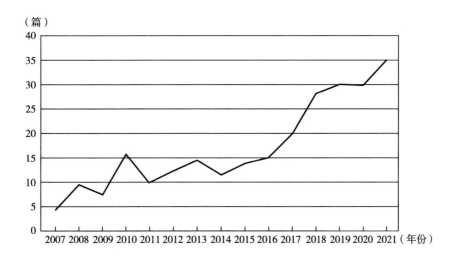

**图 2-4　需求方战略文献年度分布统计**

资料来源：笔者整理。

2. 文献可视化分析

关键词是文章中心思想的高度凝练，可以直观表达出文章的主要内容和核心主题（陈悦等，2015）。运用 CiteSpace V，节点类型选择"keyword"，得到需求方战略研究关键词共现图谱，如图 2-5 所示，图谱中共出现 281 个节点，682 条连接线。为了更直观地展示领域内关键词的相关信息，依据可视化结果，阅读领域内关键文献，剔除重复关键词并合并同类关键词，如将"competition"合并入"competition advantage"，梳理文献过程中发现高频词"model"在研究中通常以"business model innovation"的形式出现，因此将"model"并入"innovation"。关键词中心性一般表明节点在结构中的重要性，结合中心性对关键词进行进一步整理，整理结果如表 2-5 所示。从表 2-5 中我们可以发现，"performance""strategy""innovation""competitive advantage""platform"等关键词既是学界关注的热点，也是研究的关键节点。同时，伴随着全球数字化进程的加快，"platform""network"等关键词的中心性均大于 0.1，表明其在相关领域的影响力逐渐攀升。

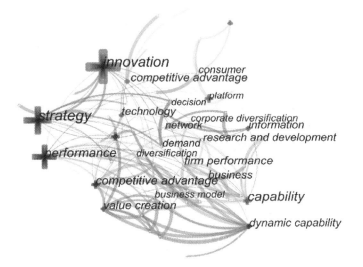

图 2-5　关键词共线图谱

资料来源：笔者整理。

表 2-5　需求方战略研究高频关键词

| 位次 | 频次 | 中心性 | 关键词及出现年份 |
|---|---|---|---|
| 1 | 56 | 0.31 | innovation（2010） |
| 2 | 35 | 0.30 | strategy（2008） |
| 3 | 29 | 0.16 | performance（2008） |
| 4 | 20 | 0.09 | capability（2010） |
| 5 | 19 | 0.07 | technology（2014） |
| 6 | 12 | 0.12 | competitive advantage（2011） |
| 7 | 11 | 0.06 | value creation（2012） |
| 8 | 10 | 0.07 | demand（2010） |
| 9 | 9 | 0.01 | resource base view（2012） |
| 10 | 8 | 0.11 | platform（2018） |
| 11 | 8 | 0.12 | network（2012） |
| 12 | 8 | 0.02 | corporate diversification（2012） |

资料来源：笔者整理。

　　文献共被引分析旨在帮助识别特定研究领域的关键文献，被引文献聚类名称从索引文献关键词提取，一定程度上表达了文献研究主题（陈悦等，2015）。为进一步挖掘领域内的知识结构，本书在关键词共现基础上，运用 CiteSpace V，节点类型选择"Cited Reference"，得到如图 2-6 所示的文献共被引聚类图谱。聚类形成 412 个结点和 1151 条连接线，忽略无关聚类最终形成 6 个聚类，Q 值为 0.843，S 值为 0.94，聚类合理。从聚类图谱中可以看出"#0 strategic management research""#1 business model""#2 firm growth"，"#9 digital platform"以及"#10 evidence"聚类最大。聚类#0 代表了需求方战略文献的研究边界和研究领域，探讨的主题包括需求方战略的定义、特点（Priem，2007；Priem et al.，2013）以及与营销领域"市场导向""顾客导向"等概念的区别（Priem et al.，2013）。聚类#1、聚类#9 说明了企业的战略类型，主要探讨在需求方变化指引下，企业会采取何种战略行动为消费者创造价值（Ye et al.，2012；Priem et al.，2018；Rohn et al.，2021）。聚类#2表达了需求方战略对企业的作用结果，主要聚焦于探讨需求方战略对企业绩效（Sohl et al.，2020）、竞争优势（Manral and Harrigan，2016；Manral，2018）的影响。聚类#10表达需求方战略的研究方法，体现出该领域往往采用案例研究方法探讨需求方战略对竞争优势的作用机制（Ye et al.，2012；Sohl et al.，2020；Manral and Harrigan，2016）。从聚类标签可以看出学界对需求方战略本身，以及在需求方战略下企业如何实现绩效目标和企业成长的关注。

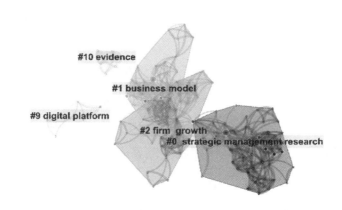

图2-6　文献共被引聚类图谱

资料来源：笔者整理。

## 二、需求方战略与价值创造

价值创造往往被理解为企业创造价值的行为活动（Amit and Zott，2001，2012），持续迭代的用户需求是价值创造的源泉，这一点已成为共识。通过需求方战略基本概念与研究立场的确立，越来越多的学者指出价值创造来源于消费者对消费利益的感知体验，公司战略成功与否受到消费者体验到利益多少的直接影响。企业通过提供利益，诱使有意愿的消费者进行支付，是企业增加利润收入、提升竞争优势的先决条件。Adner 和 Kapoor（2010）也表示，企业关注市场需求异质性是其获取竞争优势的基本前提，强调需要关注不同消费群体呈现的不同需求特征。

在基本概念与研究立场确立的基础上，Priem 等（2012）进一步丰富了市场异质性的内涵，指出其包含了伴随着时间的推移，单个消费者表现出不同需求特征的动态性需求，以及当前阶段可能规模较小，但未来极具潜力的潜在性需求，并强调利用多元化来满足异质性市场需求（Ye et al.，2012；Manra and Harrigan，2016）。与从资源方视角（如产品、生产技术、管理技能、营销渠道等）对多元化进行分类不同，需求方视角下的多元化更多强调不同业务组合的协同效应。为了进一步布局行业间多元化，Manral 和 Harrigan（2016）强调了对需求方战略资产（客户知识、客户关系和客户基础）的关注，并突出需求方能力的重要性。其中，客户基础（Customer-Base）表示一段时间内反复交易的一组客户；客户知识（Customer-Knowledge）指与客户持续互动中获取的关于客户个体层面和行业层面的知识；客户关系（Customer-Relationship）表示公司与其现有甚至是潜在客户之间的关系。此外，将客户知识和客户关系认定为需求方能力（Manral and Harrigan，2018），通过需求方学习提升的需求方能力将对行业间多元化产生重要影响。需求方学习往往发生于与客户互动的过程，以便能够准确把握需求环境的变化（Manral，2018）。其学习的深入性、有效性将对企业能否识别潜在需求偏好，以积累需求知识，拓展客户关系产生重要影响。例如，企业客户关系管理中与客户互动的高频率和高效率将有利于企业维系现有客户，并利用现有客户发展与潜在客户的关系。因此，通过与客户的良性互动，需求方资源将进一步转化为企业满足需求变化的能力，由此提升的客户关系拓展能力、客户知识吸收能力又会反作用于现有的需求方资源，从而形成良性循环。对于客户关系，客户知识的转移、应用将为企业进入其他产品市场提供更多可能性。Ye等（2012）基于需求方战略理论，详细论证了企业的行业间多元化战略如何产生需求方协同，从而为消费者创造更多价值。需求方协同效应指企业通过对现有产品/服务的组合以扩大单个产品或服务提供的消费者效用。具体表现为一站式购物和网络效应（Ye et al.，2012）。在一站式购物中，企业一次性满足消费者所有需求，减少消费者的购物时间和产品搜寻成本，从而最大限度地提高整体效用（Narasimhan，1997）。网络效应对消费者效用的作用体现在一方客户参与度的增加会提升另一方客户的参与度，即一方市场将从另一方市场的大小和特征中受益（Rochet et al.，2003）。企业通过加强两个或更多相互依存的客户群体之间的互动和交易为企业和消费者创造价值，最大化消费者的消费体验。需求方协同效应使消费者获利体验增加，极大地提高了客户对企业的产品/服务的支付意愿，同时也吸引越来越多的客户关注企业的产品/服务，最终形成不可模仿的竞争优势。

随着数字经济的发展，需求互补性作用逐渐凸显，互补性需求作为驱动平台形成的"需求端"，是企业开展平台业务的重要驱动因素，同时平台的发展为消费者提供了了解产品信息、参与企业发展的机会（Nambisan，2017；Priem et al.，2018）。一方面，平台将终端消费者、直接客户、供应商等具有互补资源、不同功能的群体连接在一个可以创造价值的系统中，促使生产者与生产者、生产者与消费者之间建立连接并持续互动（Rohn et al.，2021）。另一方面，用户作为信息源将正在使用的信息实时传递给企业，并通过平台分享放大这一信息的价值（Kopalle et al.，2020）。企业可以基于用户的即时需求信息，提前调整响应需求方的战略行为，开发符合市场需求的创新产品和服务（Yadav and Pavlou，2020）。在这一过程中，用户不再被动参与价值创造过程，而是作为协助者、开发者发挥更多的主动效用（Cui and Wu，2016），甚至可以作为创新者独自设计产品或开发解决方案以满足自身需求，形成用户创业与用户价值共创的新趋势（Shah and Tripsas，2007；尹苗苗等，2021），用户的数字化体验得到提升（Kopalle et al.，2020），并吸引更多外部合作伙伴进入平台以补充价值。平台用户不断增加，数字平台规模和数量也不断扩大，越来越多的外部合作伙伴和用户数据使企业很难利用单个商业模式满足所有群体需求。为了实现客户或消费者获得更多的收益，钟榴和余光胜（2021）、Sohl 等（2020）分别以亚马逊等平台型企业为例指出企业可在现有商业模式中添加具有需求互补性的商业模式，通过商业模式多元化（Business Model Diversification）为单个客户或消费者提供更多效用。在这一过程中，企业经历了从单个平台向多个平台，从简单的跨边网络效应到复杂的跨平台网络效应的外延扩张历程。此时，基于互补性需求连接的产品和服务类型将形成一个相互依赖的生态系统（Kopalle et al.，2020；侯宏，2019），吸引更多的成员加入。当这些信息在生态系统中共享时，数字驱动的用户体验将更加丰富，进一步促进生态系统边界的扩大。

　　基于上述研究脉络的分析，本书总结归纳了需求方战略的研究框架，如图 2-7 所示。同时可以看出，将价值创造的理论逻辑从供给方转向需求方已逐渐成为共识，从需求方视角出发，以用户获利体验为着力点对企业价值创造过程展开研究或将成为新的研究趋势。例如，蔡宁等（2015）指出平台型企业可以利用平台包络战略将已有资源和能力采取自有转化、购买和聚合等方式搭建基础用户数据库以提升用户价值体验。在产业互联网背景下，隐形冠军企业贴近顾客的特征使之与需求方战略高度契合，但是现有研究多以平台型企业为研究对象展开，缺乏对隐形冠军企业价值创造动态演化机制的探讨。因此，将研究对象延伸至始终坚持与客户保持紧密联系的隐形冠军企业，将会对我国传统制造业企业的数字化转型产生极其重要的参考价值和现实意义。

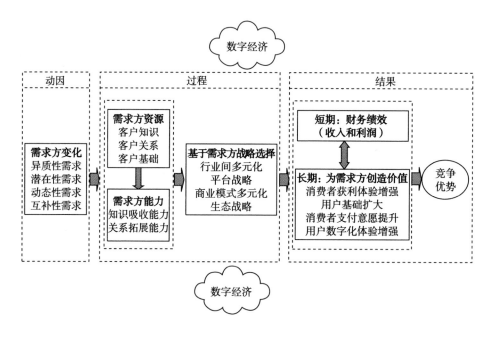

**图2-7　需求方战略与竞争优势研究框架模型**

资料来源：笔者整理。

# 第三章
# 产业互联网背景下隐形冠军
# 企业价值创造演化机理

## 第一节　研究背景

产业互联网被认为是新一轮技术范式迁移下各国经济发展的重要决胜点，要深化互联网技术在制造行业的应用，建设优势互补、合作共赢的开放型产业生态体系。在实践中，通往产业互联网的路径仍不明朗，众多参与者正摸索前行。作为传统制造企业的典型代表，隐形冠军企业因其高成长性、深度聚焦和低公众知名度受到越来越多的关注（李平、孙黎，2021），其成长过程中独特的战略逻辑，沉淀出独具特色的"隐形冠军"之路，也逐渐成为中小企业发展的新标杆（王益民等，2019）。虽然理论界普遍认为"专一化"是隐形冠军企业的重要标签，但发展的路径并不相同。以德国为例，2700多家隐形冠军企业，80%以上都是不为人所知的家族企业，但在中国资本市场5000多家企业中，"专精特新"企业超过2000家，占全部A股上市公司的

20%。基于中国隐形冠军企业成长的独特路径，一些深耕专业领域多年的领先企业已开始对行业输出自己的优势资源（李振东等，2023），布局产业互联网，实现生态化成长（杜晶晶、胡登峰，2020；杜晶晶等，2023）。隐形冠军企业如何突破"单一冠军"的桎梏，凭借其对行业和产业的理解探索出一条中国企业产业互联网进化路径，对于理论界和实践界都具有重要示范效应。

纵观隐形冠军企业成长的规律研究，学者们主要延续 Simon（1996）构建的隐形冠军企业特征，从核心能力、内部能力、外部机会三个层面对成功规律进行总结。其中，核心能力层面主要从微观认知视角出发，强调高层管理团队的认知结构对隐形冠军企业持续成长的影响（Lei et al.，2020；Lei and Wu，2020）。内部能力层面围绕组织内部结构的调整展开，以期形成企业在复杂环境下应对客户需求变化的能力（Lehmann et al.，2019；李森等，2020）。外部机会则强调外部因素对企业内部资源整合、能力提升的影响（Din et al.，2013；雷李楠、谭子雁，2021）。上述成果深化了学界对隐形冠军企业的独特性研究，然而仍有几点不足：首先，现有研究多从供给方视角出发，强调对企业内部资源的整合调整为企业自身创造价值（赫尔曼·西蒙，2015），而隐形冠军企业作为天生具备"用户基因"的企业，始终将需求方置于重要位置，需求方视角下隐形冠军企业成长的独特性规律需要被进一步揭示。其次，现有研究主要聚焦于归纳隐形冠军企业的成功经验，缺乏对其成长过程的挖掘，尤其是对于平台化、生态化背景下的隐形冠军企业战略新动向关注不足。从更广泛的制造业样本来看，虽然工业互联网平台建设、制造业平台型组织转型等研究情境得到广泛关注（吕文晶等，2019；王凤彬等，2019），但多从技术层面出发对智能制造模式与企业平台建设进行解构，从企业成长的内生动力出发，探究平台模式在制造业企业中运用的动力机制仍存在空间。

与消费互联网平台相比，产业互联网平台并非单纯强调撮合交易，其用户需求异质性程度更高、参与主体更多、行业经验更重要（杜华勇等，2021）。需求方战略因关注市场细分和消费者偏好，强调基于用户感知体验的价值创造，与产业互联网的价值创造逻辑不谋而合。另外，由于具有贴近顾客的特征（赫尔曼·西蒙，2015），隐形冠军企业需要在价值创造过程中围绕需求方不断调整和重构组织资源，实现从"单一产品"到"搭建平台"的跨越式成长。但是已有有关需求方战略的研究，较多集中于互联网原生企业，较少涉及传统制造业企业基于需求方的价值创造机理与成长路径。基于上述理论缺口和现实背景，本章以需求方战略为理论视角，探究产业互联网背景下隐形冠军企业价值创造的演化发展问题。具体研究问题是：需求方战略如何推动隐形冠军企业成长乃至打造产业互联网平台？其中的价值创造机理如何？本章以一家隐形冠军企业的成长历程为研究对象，基于需求方战略打开隐形冠军企业实现价值创造的"黑箱"，贡献于需求方战略和隐形冠军成长理论，为从实业端厘清中国产业互联网的发展路径，剖析隐形冠军企业生态化发展的内在规律，以及传统制造企业转型升级与中小企业融通创新提供有效借鉴。

# 第二节 研究设计

## 一、研究方法

本章采用纵向单案例研究方法，具体原因如下：首先，本章的研究问题聚焦于产业互联网背景下隐形冠军企业如何创造价值，属于"How"，即"怎么样"的问题范畴，采用案例研究有利于挖掘现象背后的理论逻辑和规律。其次，本章的研究对象为隐形冠军企业，当前针对隐形冠军企业的研究相对较少，而案例研究具有不依赖原有文献或经验证据的特征，强调从管理实践中识别和产生理论构建（Eisenhardt，1989）。最后，本章旨在探究价值创造演化过程，相较于多案例研究，运用纵向单案例研究进行多阶段的过程分析有利于深入揭示过程的变化特征。

**二、案例选择**

本章制定理论抽样依据如下：首先，案例样本应属于隐形冠军企业，并且始终与客户保持紧密、互动的关系，为客户提供产品和服务的改进，不断适应客户的需求（Sang and Chung，2018）。其次，案例样本在领域内应具有一定的经营历史和竞争实力，并且对于产业互联网有深刻的理解和实践，从而确保可以在较长的时间窗口全面考察产业互联网背景下隐形冠军企业的价值创造演化过程。最后，案例企业应具备一定的规模和知名度，从而有利于搜集公开数据。

根据上述抽样原则，本章选取华孚时尚股份有限公司（以下简称"华孚时尚"）作为案例研究样本。理由如下：①华孚时尚于2018年被工信部评为"单项冠军"企业，是全球纺纱行业的领军企业，符合隐形冠军企业的一般标准。同时，华孚时尚属于纺织服装行业，服装行业贴近顾客的程度和要求相比一般企业更高。②华孚时尚创立于1993年，距今已有30年时间，在这一过程中不断自我更新，经历过几次典型的转型升级飞跃，并于2017年启动"产业互联网"发展战略，在产业互联网背景下致力于树立行业内领先优势，为本章提供了绝佳的研究样本，也体现了案例对象选取的典型性与代表性。③经过 20 余载的实践和积累，华孚时尚目前已发展成为色纺纱行业的领导品牌、全球最大的色纺纱制造商与供应商，且研究团队一直与华孚集团保持长期联系，跟踪访谈与调研，跟进企业发展关键里程碑。

根据华孚时尚应对需求方变化做出的调整，本章将华孚时尚价值创造过程划分为三个阶段，分别是单向输出阶段、双向合作阶段和价值共创阶段。阶段划分如表 3-1 所示。

表 3-1　案例企业阶段划分

| 阶段 | 单向输出阶段 | 双向合作阶段 | 价值共创阶段 |
|---|---|---|---|
| 时间节点 | 1995~2004 年 | 2005~2015 年 | 2016 年至今 |
| 发展目标 | 适应客户需求 | 满足客户需求 | 创造客户需求 |
| 标志事件 | (1) 创新营销服务体系；<br>(2) 建立标准化服务；<br>(3) 斩获国际纺织品色彩大奖，树立行业标准 | (1) 引进信息管理系统；<br>(2) 调整客户结构，定位中高端市场；<br>(3) 并购飞亚成功上市 | (1) 启动"坚持主业，共享产业"战略；<br>(2) 产业互联网布局；<br>(3) 打造柔性供应链；<br>(4) 时尚总部和绿尚小镇建设 |

资料来源：笔者整理。

### 三、数据收集

本章主要通过半结构化访谈、现场观察、二手资料等渠道进行数据收集（数据来源见表 3-2），采用多种数据来源保证数据之间能够相互补充、交叉验证，从而提高研究数据的信度和效度。

表 3-2　数据来源情况

| 数据来源 | 数据信息统计 | | | |
|---|---|---|---|---|
| | 受访者 | 主要访谈内容 | 时长（小时） | 字数（万） |
| 半结构化访谈 | 董事长 | 企业发展历程、主要决策点、企业家心路历程、未来发展规划 | 2.3 | 2.1 |
| | 集团副总经理 | 公司战略规划、产业竞争格局、产业互联网布局 | 2.5 | 1.6 |
| | 技术与研发总监 | 自主研发历程、产业链合作、数字化布局 | 2.1 | 2.5 |
| | 总裁办主任 | 企业发展历程、品牌建设、公司战略规划 | 3.2 | 3 |
| | 生产总监 | 色纺纱行业背景、生产布局、车间作业、智能制造 | 1.9 | 1.5 |
| | 淮北公司副总经理 | 纺织行业背景、淮北华孚发展历程、经营现状、绿尚小镇规划及发展 | 1.9 | 1.2 |
| 公开文献 | ①官方网站、微信公众号等资讯新闻；②公开出版书籍《快速反应：华孚十五年商业思维》；③《东方财富网》《行行查》等公布的研究分析报告；④《中国纺织网》等行业资讯网站上的相关报道 | | | |
| 内部档案 | 《华孚品牌介绍》、《色纺智能制造的实践与探索》、内部讲话与内部信等 | | | |

资料来源：笔者整理。

首先，通过二手数据初步了解企业情况，并对其转型过程中的重大事件进行聚焦。二手资料的获取主要包括从华孚时尚的官方网站、搜狐新闻、中国纺织网、财经类网站等搜索到的有关华孚商业模式的新闻报道和信息资料，最终形成文字数据材料并设计访谈提纲。多渠道的证据来源有效推进了三角验证，避免了共同方法偏差，提高了案例研究自身的建构效度。

其次，根据访谈提纲，研究团队对华孚时尚的董事长、副总经理、研发总监等高层管理人员进行深度访谈。访谈过程中，由 1~2 名成员进行主问并保证至少 2 名成员详细记录访谈内容。每场访谈结束后，研究团队就当前已获得内容展开讨论，验证所获得信息的一致性，及时更新下一场访谈提纲并在当日将所获得的录音材料反复听取整理为文字资料。期间，研究团队参观了华孚时尚位于浙江上虞的办公大楼、研发中心、展厅、生产车间以及位于淮北的绿尚小镇。此外，在整个研究过程中，研究团队收集了大量内部资料，内容覆盖了华孚时尚的内部书刊、各类档案材料等。

### 四、数据分析

为保证案例研究的"内在效度"和信度，本章使用扎根理论的数据分析方法，对原始数据进行自下而上的归纳式编码，最终抽象形成理论性诠释。根据所获得的一手资料和二手资料，研究团队 2 名成员根据"动因—过程—结果"这一逻辑，基于需求方战略、价值创造等前期理论基础，识别出需求方变化特点、企业内部的活动、资源配置等主要行为和关键事件。同时，通过文献指引，采用双盲编码方式将收集到的质性材料归纳成概念，将这些概念归类并分配到相关构念中。对于编码不一致的条目，由研究成员再次核对原始数据并进行讨论，保留最终达成一致的编码结果。最终形成如图 3-1 所示的案例编码数据结构。

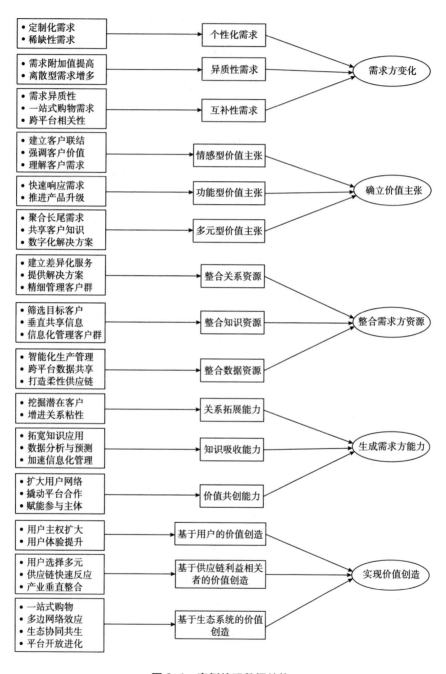

**图 3-1 案例编码数据结构**

资料来源：笔者整理。

# 第三节 案例描述

## 一、单向输出阶段

单向输出阶段刻画了案例企业早期如何围绕需求方单向兜售和拓展产品及服务，实现价值创造的过程。在该阶段内，华孚时尚在个性化需求驱动下，提出情感型价值主张，通过整合关系资源生成关系拓展能力，推进以用户为主体的价值创造，提升用户体验。

（一）需求方变化：个性化需求

色纺纱产品特定的生产工艺，颠倒了传统"先纺线，再染色"的生产流程，即先将纤维染成有色纤维，然后将两种或两种以上不同颜色的纤维经过充分混合纺制成具有独特混色效果的纱线。复杂的生产工艺一方面使产品必须定制化销售，先有订单后生产；另一方面也使其他厂商望而却步，市场上呈现出"有钱拿不到货"的局面。生产工艺复杂的"定制化需求"，以及供货量较少带来的"稀缺性"需求，导致这一阶段需求方呈现高度"个性化"。

（二）价值主张确立：情感型价值主张

价值主张（Value Proposition）是企业产品或服务满足客户需求或提供增值服务的概要表达（Chesbrough and Rosenbloom，2002）。情感型价值主张突出客户关系、客户需求等情感价值（崔丽等，2021）。在个性化需求驱动下，华孚时尚亟需深入了解目标客户的需求信息，但是正处于初创期的企业却面临客户基础薄弱、客户关系不稳定等一系列"新进入者缺陷"（韩炜等，2014）。因此，华孚时尚在这一阶段将建立客户连接、强调客户价值、理解客户需求作为首要目标。正如华孚时尚创始人、董事长孙伟挺指出："如果公司可以跳过直接客户，开发终端品牌，让他们在委托制衣厂生产服装时指定采用华孚的纱线，那么就可以让客户自己找上门来。"华孚时尚副总经理也不断强调："华孚做任何决定，做每一件事，都始终把客户价值放在至高无上的地位。"

（三）资源整合、能力提升：整合关系资源、生成关系拓展能力

在情感型价值主张指引下，企业利用关系资源整合增进与终端客户之间的合作关系，形成了独具需求方特色的关系拓展能力。比如，对终端品牌进行分类，通过分类数据实现对客户群的精细化管理，向客户提供定制化服务。通过每一年半更新一次标准色咭，对产品的设计理念、颜色款式、纱线布料、制作工艺等进行分门别类的归纳整理，直接向终端品牌输出，拉近与终端品牌的距离，反向服务于中游企业。在谈到如何在一个小众市场站稳脚跟时，华孚时尚创始人指出："我们也没有什么优势资源，就从服务着手，建立标准的流程化的服务体系。"通过对关系资源的重新整合，华孚时尚的关系拓展能力逐渐凸显，不断拓展潜在客户，增进关系粘性。围绕客户的定制化产品成功斩获国际纺织品色彩大奖，趁势与中国服装设计师协会联合，举办"华孚杯"中国色纺时尚设计大赛。此项赛事日后也成为华孚时尚挖掘潜在客户的重要渠道。越过直接客户开发终端品牌的创新型营销模式即"前导营销"也使华孚色纺纱受到越来越多终端品牌的青睐，深度锁定与下游用户之间的交流合作。正如华孚时尚董事长所说："华孚的营销是和终端品牌结合的，研究终端品牌的风格、定位客户群体以及整个流行的趋势，然后反过来对色纺纱的色彩、材质和工艺进行创意的组合，为品牌提供服务，这就是华孚品牌营销的价值所在。"

（四）价值创造结果：基于用户的价值创造

基于用户的价值创造强调为企业直接客户、终端品牌创造价值，体现在用

户主权扩大和用户体验提升两个方面。通过与终端品牌的直接联系，纱线企业在提供差异化服务的基础上进一步了解客户，与客户建立信任关系，上下游之间开始建立连接与融通，用户在这一过程中的话语权也进一步扩大。同时，在标准化服务体系下，华孚时尚成立的三方研发小组与客户深度交流，共同研发新产品，近距离感受华孚时尚色纺产品的研发过程，切实提升用户体验。此阶段的价值创造实现机理如图 3-2 所示，编码结果示例如表 3-3 所示。

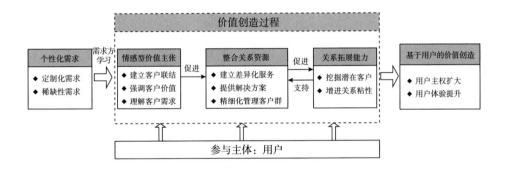

**图 3-2 单向输出阶段价值创造实现机理**

资料来源：笔者整理。

**表 3-3 单向输出阶段典型引语及编码结果示例**

| 核心维度 | 二级编码 | 一级编码 | 典型引语或证据 |
| --- | --- | --- | --- |
| 需求方变化 | 个性化需求 | 定制化需求 | "跟传统的其他企业不一样的地方，就是我们不是产品生产出来再去销售，我们都是先有销售，先接到订单再生产这种模式。" |
| | | 稀缺性需求 | "有一种纺织产品，叫色纺纱，价格奇高，货在浙江，税务局朋友的朋友在做这纱的出口贸易，拿着现金却拿不到货。" |
| 价值创造过程 | 情感型价值主张 | 建立客户联结 | "如果公司可以跳过直接客户，开发终端品牌，让他们在委托制衣厂生产服装时指定采用华孚的纱线，那么就可以让客户自己找上门来。" |

| 核心维度 | 二级编码 | 一级编码 | 典型引语或证据 |
|---|---|---|---|
| 价值创造过程 | 情感型价值主张 | 强调客户价值 | "建立以价值客户为导向，利益各方的竞合共赢机制，因此华孚做任何决定，做每一件事，都始终把客户价值放在至高无上的地位。" |
| | | 理解客户需求 | "作为工业品品牌，与消费品品牌不同的是，它强调的更多的是一种专业。于是，永远比客户懂得更多，也是驱动华孚持续发展的原动力。" |
| | 整合关系资源 | 建立差异化服务 | "竞争对手服务不好，我们就从服务着手，建立了标准的、流程化的服务体系，效果非常明显。" |
| | | 提供解决方案 | 华孚时尚每一年半更新一次标准色咭，并将色咭根据季节的不同划分成多个系列，对产品的设计理念、颜色款式、纱线布料、制作工艺等进行分门别类的归纳整理，装订成册后直接递送给终端品牌的产品设计师 |
| | | 精细管理客户群 | 2000年发起"决胜终端"，对终端进行分类。每年对每个终端都有研究报告 |
| | 关系拓展能力 | 挖掘潜在客户 | 与中国服装设计师协会联合，举办"华孚杯"中国色纺时尚设计大赛，以色纺纱产品为表现载体，开启色纺纱面料时尚设计之先河，此项赛事日后也成为时尚界的一场盛事 |
| | | 增进关系粘性 | 前导营销模式跳过布厂、制衣厂，直接向终端品牌做推广，把几十种颜色的纱线直接送到品牌方、设计师的手中，很快得到不少终端品牌的青睐，并迅速发展成为长久的合作关系 |
| 结果 | 基于用户的价值创造 | 用户主权扩大 | 华孚时尚通过发布流行色咭、举办时尚设计大赛，让用户对色彩有了更多的选择，用户的话语权也在进一步增大 |
| | | 用户体验提升 | "我们成立三方研发小组，跟客户协同研发，与客户深度交流，建立了标准化的服务流程，提升客户体验。" |

资料来源：笔者整理。

## 二、双向合作阶段

双向合作阶段刻画了案例企业在异质性需求变化下，通过建立功能型价值主张，对供应链上下游知识资源进行整合，生成知识吸收能力，形成基于供应链利益相关者的价值创造过程。

（一）需求方变化：异质性需求

由于消费者对终端品牌品质和功能提出了新要求，倒逼上游生产厂商不断推陈出新。例如，消费者希望其不仅具有舒适度、美观性，还能兼顾抗菌、吸湿排汗等功能。此外，随着社会消费观念向多元化转变（祝合良、王明雁，2017），小而美的品牌调性受到越来越多消费者的欢迎，对服装类的消费逐步升级为享受型需求，形成了离散型需求。需求附加值的提高以及离散型需求的增加，共同构成了这一阶段需求方的异质性特点。

（二）价值主张确立：功能型价值主张

功能型价值主张聚焦于产品质量、便捷性等功能层面要素（崔丽等，2021）。华孚时尚功能型价值主张体现在推进产品升级、快速响应需求两方面。伴随需求的异质性变化，华孚时尚意识到需要获取不同客户所期望的属性或功能信息（Manral and Harrigan，2018），以充分积累不同领域的客户知识，并将其直接附加于产品价值上。同时，为了更高效地满足客户不同时期的不同要求，华孚时尚顺势提出"因需而生，随需而变"，努力缩短交货周期，高效输出产能。

（三）资源整合、能力提升：整合知识资源、知识吸收能力

纵向整合供应链上的知识资源，并由此形成知识吸收能力，加速了这一阶段的价值创造实现进程。在知识资源方面，华孚时尚自2012年开始完善的管理系统涵盖PDM（研发制造执行系统）、MES（生产执行系统）、BDA（配棉管理）、ATP（生产过程无纸化管理）、SIE（工艺管理）、IPQC（制程控制）、SPC（终检控制）等多个模块的综合性管理平台，对4000余家战略合作客户、1000余个合作品牌，数千家供应商进行信息化管理，并通过信息管理系统加速需求信息在供应链上下游的垂直共享。在此基础上，根据不同的细分市场，研发出八大产品系列，将其辐射至梭织、家纺等领

域，加快对客户知识的转化与应用。依托信息管理系统的引进和应用，加速了对数据的信息化管理，也促进企业通过趋势分析预测市场变化，以此形成了加强客户数据存储分析、拓宽知识应用等为主要内容的"知识吸收能力"。

（四）价值创造结果：基于供应链利益相关者的价值创造

基于供应链利益相关者的价值创造主要体现为供应链前端用户的选择多元，供应链后端的快速反应以及供应链整体的产业垂直整合。前端用户方面，基于色纺纱产品应用领域的拓展，研发出八大产品系列，使用户对产品有了更多的选择空间。供应链后端的快速反应使华孚时尚在行业平均交货期为15~30天的背景下，大规模定制的交货期从30~45天提速到后来的15~20天。"快速反应不光是一个理念，更是一种能力，这是华孚品牌被赋予的深刻内涵之一"。与此同时，为进一步夯实供应链上相关利益合作者的利益，华孚时尚加快对上下游优势企业的并购整合，包括后端的棉花产地和前端的成衣制造商等，进一步促进生产者—消费者互动，与上、下游企业建立持久可靠的信任关系，围绕色纺纱上下游互动形成稳定的产业集群，实现产业垂直整合。此阶段的价值创造实现机理如图3-3所示，编码结果示例如表3-4所示。

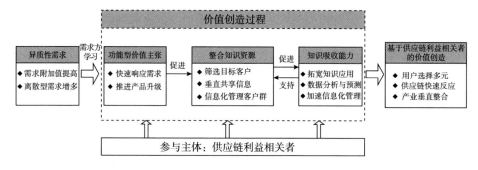

图3-3 双向合作阶段价值创造实现机理

资料来源：笔者整理。

表 3-4　双向合作阶段典型引语及编码结果示例

| 核心维度 | 二级编码 | 一级编码 | 典型引语或证据 |
|---|---|---|---|
| 需求方变化 | 异质性需求 | 需求附加值提高 | 对于产品舒适度、美观性、功能性的要求更高，如吸湿排汗、抗菌、抗起毛起球、柔软手感、干爽手感等 |
| | | 离散型需求增多 | 在消费升级的背景下，越来越多的消费者愿意加大服装等生活用品的支出，人们对服装的需求已从基础功能性需要逐步升级为享受型需要，更多地融合了品牌消费、文化消费和时尚消费 |
| 价值创造过程 | 功能型价值主张 | 快速响应需求 | "我们在强调'因需而生，随需而变'，客户今天有需求，我们今天就要想办法给他提供，就是要快速反应，我们要让快速反应不光成为公司的一个理念，更变成一种能力。" |
| | | 推进产品升级 | 色纺纱具有环保、时尚、科技等特点，纺织产品将向快时尚、差异化趋势发展，要进行产品升级，眼光不能局限于行业内 |
| | 整合知识资源 | 筛选目标客户 | 调整业务结构，定位中高端市场，减少或关闭其他产品生产开发业务。以价值客户为导向，按照客户价值和需求分类，从中确定 20% 的目标客户，优先满足价值客户的个性化需求 |
| | | 垂直共享信息 | 通过专业的信息管理系统，提供标准化的接口，可以与上下游合作伙伴实现信息的无缝对接 |
| | | 信息化管理客户群 | 华孚时尚目前年产能超 22 万张订单，可生产超 3 万个品类，有 4000 余家战略合作客户、1000 余个合作品牌，数千家供应商。为了更好地服务客户，华孚陆续引进 CRM 系统、ERP 系统等，及时进行需求管理、快速处理订单 |
| | 知识吸收能力 | 拓宽知识应用 | 华孚时尚主营产品色纺纱应用领域主要集中于纺织服装产业，为了更深层次地满足市场要求，逐渐将色纺纱技术拓展至梭织、家纺领域 |
| | | 数据分析与预测 | 利用数据分析与预测，华孚时尚会提前一年半发布流行趋势，通过前导营销提前半年就能获悉第二年将收到哪些订单，通过趋势分析预测市场变化，掌控了原材料供应和产品的生产节奏 |
| | | 加速信息化管理 | 华孚时尚根据纺纱的环节，为从梳棉到精梳、并条、粗纱、络筒再到细纱的各个环节的机器均量身打造了分析系统。其中的分析系统包括生产管理、产量实时自动采集、设备状态采集、设备参数实时采集、设备管理等多个环节 |

续表

| 核心维度 | 二级编码 | 一级编码 | 典型引语或证据 |
|---|---|---|---|
| 结果 | 基于供应链利益相关者的价值创造 | 用户选择多元 | 通过纺纱技术创新、深入原材料端，华孚时尚已经形成了时尚外观系列、纯棉高支高档色纺系列、健康环保色纺系列、功能产品色纺系列等8大系列、2000多个品种的产品系列 |
| | | 供应链快速反应 | 在行业普遍交货期为15~30天的背景下，大规模定制的交货期从30~45天提速到后来的15~20天 |
| | | 产业垂直整合 | 2001~2005年，华孚时尚连续并购业内优势企业，并在2009年成功借壳上市，使华孚时尚逐渐成为色纺纱行业的领军企业，吸引了业界更多的关注 |

资料来源：笔者整理。

### 三、多方共创阶段

多方共创价值阶段刻画了案例企业通过前后端网链的构建、多平台模式的组合实现多方主体共同参与价值创造的过程。在该阶段内，华孚时尚在互补性需求驱动下，提出多元型价值主张，通过整合数据资源生成价值共创能力，并最终实现基于生态系统的价值创造。

（一）需求方变化：互补性需求

随着消费互联网的兴起，消费者在价值创造与价值分配中占据更重要的地位（侯宏，2019），不仅品牌之间存在需求差异，品牌内部也在打造自身的个性化设计，偏好的异质性进一步激发出需求的互补性潜力（Sohl et al.，2020）。此外，不同需求层次之间呈现了新的关联性。一方面，新生代消费群体越来越希望以无缝衔接的方式实现多类型需求；另一方面，设计师品牌、网红品牌等大举兴起，终端品牌需要小批量、个性化的服务，而华孚时尚等上游供应商则需要大规模订单。此时，需求方异质性需求、一站式购物需求和跨平台相关性形成的互补性需求特征越来越突出。

（二）价值主张确立：多元型价值主张

多元型价值主张表达了企业既关注用户联系的情感型价值，又关注功能型价值，强调在保证优质产品、高效生产的同时确保用户价值最大化。经过 30 年的耕耘与发展，华孚时尚已经积累了相对稳定的客户群与客户关系，虽然客户知识的存储与分析能够及时收集和识别客户需求，但个性化服务的成本较高，于是华孚时尚决定向产业链下游延伸，通过搭建平台将小而散的需求整合起来。一方面，在平台上可以实时传递客户知识、共享客户关系，实现情感价值需要；另一方面，在平台上向行业输出数字化解决方案，将产业互联网平台赋能整体产业，实现全链路良性成长。正如华孚时尚董事长所言："公司未来将数字化解决方案向行业输出，这是将下游需求与纺织业分散产能进行合理再分配的过程，是公司、中小企业达到共赢的选择。"

（三）资源整合、能力提升：整合数据资源、价值共创能力

这一阶段的主要行动体现为数据资源的整合和价值共创能力的生成。在整合数据资源方面，一方面由于色纺纱产品品类、颜色的多样性，在充分满足市场需求的基础上，也给华孚时尚带来了品类管理、柔性生产的精益化优势，使企业具备迈向智能化转型的基础。华孚时尚全力打造的两化融合色纺行业独创性项目，涵盖需求数据采集完善、中层数据集成、顶层数据挖掘及智能决策等多项纺织行业试点内容，以期实现对数据的智能化管理。另一方面，华孚时尚搭建"从田间到铺头"柔性供应链对用户需求进行深度整合，后端网链由绿尚小镇、时尚总部及供应链公司三个核心部分组成，实现产业间不同模块的深度协同，构建产业生态圈。时尚总部项目建成，可以利用总

部的订单赋能，与各地绿尚小镇形成产业联动，将新型纱线、面料、服饰，以及服装设计师和电商交易平台集聚到一起，垂直整合用户数据，构建生态中多方利益相关者共创价值所需的资源池。基于智能化生产管理、跨平台数据共享以及打造柔性供应链的数据资源整合，华孚时尚形成了连接更多利益相关方的"价值共创能力"。例如，后端搭建的垂直服装平台，在众多环节采取众包，向外部大众智慧开放，让用户、竞争者、供应商全都参与进来，赋能更多参与主体，吸引合作伙伴构建动态、松散、耦合的数字生态，并通过数据的实时流动与共享实现产业生态中制造端、工厂端和消费端的互联互通，快速响应和精准对接。

（四）价值创造结果：基于生态系统的价值创造

基于生态系统的价值创造主要体现在用户层面的一站式购物和网络效应、生态系统层面的生态协同共生和平台开放进化。从用户层面来看，绿尚小镇的一站式服务不仅降低了客户搜寻特定产品/服务的成本，而且使用户参与平台的价值共创，进一步提升了用户的获利体验（Ye et al.，2012；Aversa et al.，2021）。成衣制造商、终端品牌商以及面料制造商在平台上相互吸引，由此形成的网络效应也更加突出（Ye et al.，2012）。对于生态系统而言，华孚时尚实施的多平台战略，将上下游产业构建成基于纱线主业的前后端网链，筛选上下游企业进行孵化和协同，促使华孚时尚本身变革成为提供支持、服务、监管的平台，实现平台的开放进化。生态协同共生强调互补资源的开放、共享与实时调用（王子阳等，2020）。正如华孚时尚董事长所言："未来是互联网的天下，企业与企业之间的篱笆要铲掉，隔离墙也要铲掉，做到你中有我，我中有你，进行优势互补。"此阶段的价值创造实现机理如图 3-4 所示，编码结果示例如表 3-5 所示。

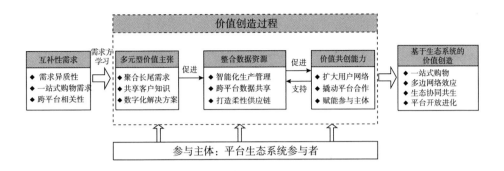

**图3-4 多方共创阶段价值创造实现机理**

资料来源：笔者整理。

**表3-5 多方共创阶段典型引语及编码结果示例**

| 核心维度 | 二级编码 | 一级编码 | 典型引语或证据 |
|---|---|---|---|
| 需求方变化 | 互补性需求 | 需求异质性 | 终端品牌需求差异大，细分领域众多，包括男装、女装、运动服、休闲服等，有不同的纱线要求，市场竞争激烈，且各品牌细分的客户群体、客户消费习惯及市场发展阶段均有所不同 |
| | | 一站式购物需求 | 年轻群体更追求时尚和独特的风格，消费观念更为先进，对新鲜事物接受更快，希望通过简单的操作就能完成一系列的购买活动 |
| | | 跨平台相关性 | 上游企业需要的是大规模订单，而终端企业由于设计师品牌、网红品牌、KOL大举兴起则越来越需要小批量、个性化的服务 |
| 价值创造过程 | 多元型价值主张 | 聚合长尾需求 | 纺织行业产业链巨大且在全球占比高，但行业内部分散，小众的、个性化需求无法满足，华孚时尚决定从产业链下游延伸，将小而散的需求整合起来 |
| | | 共享客户知识 | "华孚时尚能够走到今天，我们不光对这个行业内，对纱线比较专业，比较精通，从原料开始，一直到后面的面料服装公司的交流都有很多的、很深的一些积累，那么完全可以搭建平台把我们积累下来的共享。" |
| | | 数字化解决方案 | "公司计划未来将数字化解决方案向行业输出，这是将下游需求与纺织业分散产能进行合理再分配的过程，是公司、中小企业达到共赢的选择。" |

续表

| 核心维度 | 二级编码 | 一级编码 | 典型引语或证据 |
|---|---|---|---|
| 价值创造过程 | 整合数据资源 | 智能化生产管理 | 华孚时尚 2018~2019 年携手行业内多家知名供应商，全力打造两化融合色纺行业独创性项目，涵盖需求数据采集完善、中层数据集成、顶层数据挖掘及智能决策等多项纺织行业试点内容 |
| | | 跨平台数据共享 | 启动绿尚小镇与时尚网链总部建设。绿尚小镇充分利用网链总部的数据运营，建立前台订单、后台生产运营、内部管理以及商业模式各环节信息一体化，实现订单定制化、集约化，贯通纱线、面料、印染、服装、家纺等纺织服装全产业链，及时分析、整理和部署各环节信息 |
| | | 打造柔性供应链 | 通过将上下游产业构建成基于纱线主业的前后端网链，完成产业生态链的整合，与棉纱制造产业紧密联结，打造一条"从田野到枕边"的柔性供应链，创造更广阔的发展空间 |
| | 价值共创能力 | 扩大用户网络 | 华孚时尚将网链总部与全品类生产小镇联动，建立集新型纱线、新型面料、新型服装、全球服装设计师及电商交易的垂直服装平台，吸引更多的利益相关者加入平台 |
| | | 撬动平台合作 | 在华孚时尚柔性纱线供应链中，时尚总部通过订单把客户和纱线制造商连接，而在柔性面料供应链中，客户转为供应商，再与制衣厂、面料分销商、服装品牌公司等进行对接 |
| | | 赋能参与主体 | 后端以纱线应用品类为导向构建生态圈，并在众多环节采取众包，向外部大众智慧开放，让用户、竞争者、供应商全都参与进来 |
| 结果 | 基于生态系统的价值创造 | 一站式购物 | 绿尚小镇以纱线应用品类为导向，集合织布、制衣企业、金融、信息服务、供应链公司，为传统的纱线、面料、印染、服装、家纺等纺织服装类产业提供交易服务 |
| | | 多边网络效应 | 华孚时尚搭建的垂直服装平台广泛吸引终端用户加入，同时，品牌商的加入使供应端更加聚集 |

续表

| 核心维度 | 二级编码 | 一级编码 | 典型引语或证据 |
|---|---|---|---|
| 结果 | 基于生态系统的价值创造 | 生态协同共生 | 一个是诸暨全球袜业供应链平台，从流行趋势导入，直接做到成品，通过 SaaS（软件运营服务）平台打通整个环节；另一个是上虞华孚时尚总部项目，准备围绕大杭州湾打造一个纺织供应链平台，使纺织产业主动适应终端品牌的变化 |
| | | 平台开放进化 | 绿尚小镇是通过垂直整合产业链，由华孚时尚投资纺纱、染色，通过招商实现制衣、织布等企业的整合。入驻企业将签协议遵守共同规则，根据投资与创造价值的比例进行分成，利润分配透明化 |

资料来源：笔者整理。

# 第四节　研究发现与进一步讨论

本章基于需求方战略，以一家隐形冠军企业从建立细分品类到打造产业互联网的成长历程为背景，对这一过程中基于需求方变化调整企业内部资源/能力组合，实现价值创造的机理进行分析与归纳。研究发现，隐形冠军企业从一项技术、一种产品到打造产业互联网的过程并非是一蹴而就的，而是经历了与用户单向输出、双向合作与多方共创阶段，每一阶段基于需求方学习，在"建立价值主张—需求方资源整合—需求方能力生成"的过程中不断提升需求方能力，促使企业向下一阶段跃迁，最终成功打造产业互联网平台，如图3-5所示。我们将对所得结论进行进一步讨论与说明。

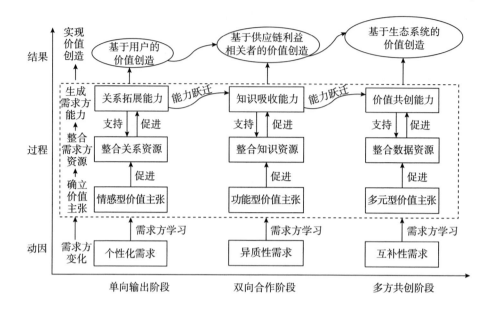

**图 3-5　需求方战略视角下隐形冠军企业价值创造演化机制模型**

资料来源：笔者整理。

## 一、需求方变化是驱动隐形冠军企业实现价值创造的重要推力

隐形冠军企业天生具有"贴近客户"的成长基因，通过与客户互动过程中建立的需求方学习，企业可以及时捕捉到从个性化到异质性再到互补性的动态需求变化信息，促使企业不断确立与之对应的价值主张，并据此适时调整内部资源结构，提升需求方能力，改变其价值创造逻辑。隐形冠军企业不直接面向终端市场的特点驱使其在被动适应市场阶段，必须充分了解下游市场的需求，在提高顾客粘性方面做出巨大努力。随着消费者对终端品牌提出新的要求，倒逼上游生产厂商不断进行改进，并注重产业链效率改进。企业的价值主张也从情感型价值主张转换为功能型价值主张。当互补性需求作为需求方规模经济的来源，将推动企业致力于利用数字技术打造多个平台，通

过提供中介效应、降低交易成本对用户价值进行最大化开发（Song，2019），形成互补协调的商业生态系统。这一路径也向我们进一步揭示了数字平台的运作机理，展示了平台型商业模式形成的本质。

**二、需求方资源、能力的调整是隐形冠军企业实现价值创造的关键**

需求方资源是需求方能力生成的基础，需求方能力支撑需求方资源的进一步应用，两者在价值主张指引下经由资源行动共同作用于企业的价值创造过程。随着需求方变化的企业价值主张的确立，企业在需求方资源有效整合的过程中，生成独具特色的需求方能力，实现基于用户的价值创造到基于生态系统的价值创造的跃迁。本章进一步揭示了不同阶段隐形冠军企业需求方能力的生成和进阶机制，具体表现为关系拓展能力、知识吸收能力和价值共创能力的进阶演化。为了加强与用户的交流链接，企业对客户群进行精细化管理，利用信息技术的服务化特性形成的关系拓展能力，颠覆了企业在产业链中的位置。强调对客户知识消化、应用的知识吸收能力进一步助推企业围绕色纺纱上下游互动形成稳定的产业集群，产业边界进一步扩大，实现基于供应链利益相关者的价值创造。进入互联网时代，企业整合多方数据资源，致力于搭建平台聚集多方利益相关者，加速形成价值共创能力，构建互补协调的商业生态系统，持续保持龙头地位。

**三、隐形冠军企业成长的价值演化机理**

本章进一步发现，隐形冠军企业从"单项冠军"迈向产业互联网平台的成长过程，其价值创造呈现"基于用户的价值创造—基于供应链利益相关者的价值创造—基于生态系统的价值创造"的演化轨迹，相应支撑价值创造的关键资源、价值创造参与主体、主体关系以及价值创造特征发生适应性演变

（见表3-6）。其中，一体化成长和生态化成长并非是对立的，从需求方战略视角来看，是企业在不同时期基于需求方能力的变化开展的不同价值创造方式演变的结果。进一步说明制造业企业打造产业互联网并非是一蹴而就的，其需要不断输出自身资源，调适和影响行业结构，通过多平台消解产业互联网模式中的复杂性与异质性，形成多方共创的生态系统。基于生态系统的价值创造横向扩充需求方资源至生态圈所有客户数据，这一过程离不开对数字技术的运用，其作用主要体现在：一方面，数字技术赋能企业识别和捕获用户需求的能力，而对需求的精准识别是企业价值创造的前提（Amit and Han，2017；张媛等，2022）；另一方面，企业利用数字技术及时对用户信息进行标准化和数据化处理，以完成用户数据资源的汇聚。

表3-6　隐形冠军企业迈向产业互联网平台的价值演化特征

| 价值创造 | 基于用户的价值创造 | 基于供应链利益相关者的价值创造 | 基于生态系统的价值创造 |
|---|---|---|---|
| 关键资源 | 客户关系、客户群 | 客户知识、客户群 | 生态圈客户数据资源 |
| 参与主体 | 终端消费者、企业 | 企业、供应端 | 企业、消费者、供应端、竞争者、直接客户 |
| 主体关系 | 单向输出 | 双向合作 | 多方共创 |
| 价值创造特征 | 新颖性 | 效率性 | 融合性 |

资料来源：笔者整理。

# 第四章

# 中国隐形冠军企业产业
# 多元化的形成路径研究

## 第一节　研究背景

在我国制造业转型升级的浪潮中，有这样一批"小而美"的缔造者，它们高度专注，在一个狭小的细分市场上精耕细作多年，大隐于市却撑起了中国约 68% 的出口量（王益民等，2019）。德国管理学家赫尔曼·西蒙（2015）将这类规模不大、长期领先细分市场且不为大众所熟知的中小企业称为"隐形冠军"。自 2011 年 7 月工信部提出"专精特新"（专业化、精细化、特色化、新颖化）的概念以来，"专精特新"与"隐形冠军"已成为中小企业成长与发展的重要标杆。然而，高度专注于某一特定产品的利基市场，使隐形冠军企业在不确定环境下面临经营风险。多元化战略是企业扩大规模的重要战略举措，可以帮助企业突破发展瓶颈并实现可持续发展。

早期对隐形冠军企业多元化战略的研究大多持否定态度，认为专注、聚焦的专一化战略才是其保持竞争力的核心（许惠龙、康荣平，2003）。然而，随着经济社会的发展，隐形冠军企业成长过程中呈现出雇员多元化、创新多元化和发展方向多元化的新特点。赫尔曼·西蒙（2015）在《隐形冠军》一书中指出，隐形冠军企业可以采用适度多元化的方式进入新市场，即围绕自身技术或客户开发新业务。这种在一元业务基础上兼顾多元化发展的观点得到不少学者的支持。目前，业界对于隐形冠军企业多元化的争论，已由"要不要"上升到"为什么"及"如何实现"的讨论（王益民等，2019；尚林，2012），但实现路径并不一致。早期研究认为，中小企业缺乏足够的进入资源，难以将业务拓展到一个不相关的行业（Colombo et al.，2014）。随着数字技术的广泛应用，产业边界日益模糊，一些深耕专业领域多年的隐形冠军企业展开了布局产业互联网的先动之举（杜晶晶、胡登峰，2020），隐形冠军企业多元化成长路径在时代背景下被赋予了全新内涵。隐形冠军企业如何立足产业，实现多元化发展？驱动其多元化发展的关键因素是什么？这些因素如何发挥作用？深入探讨这些问题，对于突破隐形冠军企业"成长的天花板"，推动中国制造业企业转型升级和中小企业融通创新，具有重要的意义和价值。

从多元化战略研究来看，早期围绕供应方资源逻辑展开，解释了企业利用"多元化"进入可以共享供应方资源（如技术、分销渠道、销售队伍等）的产品或服务市场（Chatterjee and Wernerfelt，1991）。近年来，有学者提出"以消费者为中心"的需求侧逻辑，为多元化研究提供了一个新视角（Ye et al.，2012）。"以产品为中心"和"以客户为中心"相结合的供需方整体视角成为企业多元化战略的重要影响因素（Manral and Harrigan，2018）。这一联动影响在隐形冠军企业上体现得尤为突出。92%的隐形冠军企业认为，客户是其不断创新的重要驱动力（赫尔曼·西蒙，2015）。隐形冠军企业"软多元化战略"，是指通过加深客户和员工的关系并不断创新，提供比竞争对手更高质量的定制服务以实现增长。因此，它们的创新由技术和市场共同驱动（Din et al.，2013）。除了不同行业特点、市场环境会对企业多元化战略产生影响（Smeritschnig et al.，2020），新兴经济体的制度环境，如制度空白、制度缺陷对隐形冠军企业的多元化战略选择同样重要（Pangboonyanon and Kalasin，2018）。制度环境特点使新兴经济体中小企业利用范围经济的时机和作用方式发生了改变，也使协同效应与环境因素的关联更加密切。综上所述，虽然理论和实践界对隐形冠军企业多元化战略日渐关注，但大多从单一要素出发，缺乏对核心条件及其组态的分析，难以系统性揭示多要素互动的复杂运行机理。多元化布局作为重要的战略决策，是企业与环境充分互动，相机而动做出的选择。尤其是隐形冠军企业内部多种因素驱动的并发效应更为凸显。因此，本章结合"隐形冠军"和多元化战略研究，基于"供给侧—需求侧—外部环境"的整体视角，探究驱动中国隐形冠军企业产业多元化的关键因素，以及因素间协同关系引发的不同实现路径，研究总结中国隐形冠军企业独特的成长路径，为变化环境下中国制造业企业转型升级，乃至中小企业融通创新提供借鉴与启示。

# 第二节　研究设计

## 一、方法选择

定性比较分析（Qualitative Comparative Analysis，QCA）是一种探索引致

特定结果发生的复杂前因组合的创新方法（Ragin，2014）。不同于传统实证分析方法强调自变量与因变量之间的相关关系，QCA方法以集合论和布尔代数为理论基础，认为每个变量对结果的影响并不是单独起作用的，而是取决于和其他变量的组合。本章研究使用模糊集定性比较分析（fsQCA）方法探究不同因素如何相互作用，从而影响隐形冠军企业产业多元化成长路径的选择。主要基于以下四点考虑：

第一，基于构型观的整体视角。隐形冠军企业产业多元化战略决策是企业内外部因素交互作用的结果，既不能由单一因素决定，也不能由多个因素分别决定。探索单个因素净效应的回归方法，无法解释中国隐形冠军企业产业多元化背后的驱动机理。因此，本章基于构型观的整体视角，讨论多个前因条件共同影响产业多元化的战略决策，并且本章研究的条件变量之间具有较强的相关性，QCA方法可以有效处理多个变量的复杂作用，并减少变量之间的相关关系对结果变量带来的影响。

第二，基于因果关系的多重并发性与非对称性。隐形冠军企业产业多元化是多个前因条件交互作用的结果，不同的影响因素通过复杂的互动过程可以实现同一结果。这就意味着在一个给定的前因条件组合中，可能存在多条能够实现特定结果的路径（Fiss，2007），即"殊途同归"。此外，以往的实证方法要求因果变量之间为完全对称的相关关系，即 X→Y，则~X→~Y。然而事实上，现实中存在大量的非对称因果关系，QCA方法有助于探索引致隐形冠军企业产业多元化成长的多条路径。

第三，基于中小样本的现实需求。经过筛选发现符合本章研究隐形冠军企业产业多元化主题的样本企业数量不到100家，不符合一般实证统计的大样本要求。QCA方法对样本数量和数据来源要求较低，适合处理中小样本（杜运周、贾良定，2017）。此外，作为一种定性与定量相结合的研究方法，

QCA方法在提供实证结果的同时，能够使研究者结合案例分析，深入讨论各要素对结果变量的影响。这对进一步理解实证结果有重要的解释意义。

第四，基于变量赋值的连续性。清晰集分析（csQCA）只能处理二分变量，所有的前因条件和结果变量都被赋值为1或0（Ragin，2014）；多值集分析（mvQCA）将变量赋值为零散的数字。与以上两种QCA方法相比，本章选择模糊集分析（fsQCA）方法，主要是因为其能够将变量转化为0~1的连续值，不仅保留了隶属度，而且同时拥有定性和定量的属性。

## 二、样本选择

在进一步推进中国制造业转型升级的背景下，2016年9月，工信部开展制造业"单项冠军"企业评选活动，先后遴选出四批共507家中国制造业"单项冠军"企业，其中包括256家单项冠军示范企业、90家待培育的单项冠军企业、161家单项冠军产品企业。结合以下标准筛选本章研究的样本企业：

第一，属于2016~2020年评选出的单项冠军示范企业。按照工信部给出的评选条件，需要满足以下要求：主营产品市场占有率全球排名前三、技术工艺水平国际领先、利润率超过同期同行业平均水平。虽然在内涵和判定标准上与德国隐形冠军企业不完全相同，但相比于培育企业和单项冠军产品企业，单项冠军示范企业更加符合赫尔曼·西蒙（2015）对隐形冠军企业的要求。

第二，企业已经实现了产业多元化，即主营业务至少涉及两个及以上子行业。参照现行《国民经济行业分类与代码》（GB/T 4754—2017），确定企业主营业务和其他业务所在行业的四位数代码。如果两种代码都属于C类制造业下属13~43大类的行业，则不属于产业多元化企业。具体评判方法参照本节第五部分"变量赋值标准"。

基于此，将符合上述标准的企业确定为候选样本企业，并进行资料收集。此外，在机会可得的基础上，对部分样本候选企业进行实地访谈。最初获得样本数据25个，但是考虑数据可得性与资料收集的完整性，最终确定样本企业21家，涵盖化学化工、专用设备、金属制品以及电子设备、汽车等13个制造业细分行业。为表述简洁，企业名称以字母简称代替，具体见本书附录。

### 三、数据来源

本章采用半结构化访谈和二手数据相结合的方式收集数据（如表4-1所示）。具体包括：

（一）半结构化访谈资料

2018～2020年，研究团队陆续对安徽省五家单项冠军示范企业（5家样本企业）进行实地调研和访谈。先后采访了企业董事长、总经理或有10年以上企业在职经历的高管人员。访谈内容全程录音，并及时转换为文本资料。

（二）上市公司数据

样本企业中有16家为上市企业，主要采用公开数据和档案资料。通过上海证券交易所等网站获得已上市样本企业年报，并利用国泰安数据库（CSAMR）以及企业官网公布的其他数据进行补充，以确保数据的真实性和全面性。

（三）案例库等文献资料

选择中国管理案例共享中心案例库、清华大学中国工商管理案例库中有关样本企业的案例作为多方数据来源的补充，同时利用"中国知网"和"万方数据"搜索与企业相关的各类信息作为交叉验证。

（四）媒体渠道信息

媒体渠道包括企业官方网站、微信公众号、行业相关部门官方网站等，作为访谈资料和二手数据的补充，从中获取关于样本企业在业务变更、战略决策背景等方面的信息资料。

表4-1　数据来源

| 数据来源 | 数据信息统计 | | |
|---|---|---|---|
| | 受访企业 | 访谈者职位 | 访谈时长（小时） |
| 半结构化访谈 | ZD | 副总经理；项目经理 | 7 |
| | TLJD | 董事会秘书；研发部总监 | 12 |
| | AL | 总经理；行政总监；生产总监 | 9 |
| | HFSS | 董事长；集团副总；淮北公司副总经理 | 14.2 |
| | NK | 董事长；生产制造板块负责人 | 8.1 |
| 二手数据 | ①上海证券交易所等网站的上市公司年报；②中国案例共享中心案例库、清华大学工商管理案例库中有关样本企业的案例；③媒体渠道信息，包括企业官方网站、微信公众号、行业相关部门官方网站等 | | |

资料来源：笔者整理。

## 四、数据处理

本章结合文本编码和数据打分的方式对相关案例进行深入的刻画，数据收集和编码小组由4人组成（分别标记为a、b、c、d），保证每个样本企业的数据收集和编码工作至少有2位研究者参与，进行交叉验证。具体分配情况见表4-2。将25个案例分为2组，每组由2名对相关研究领域较为熟悉的研究生和老师组成，进行背对背打分，并进行交叉验证。在打分阶段，首先由3位打分组成员随机选择5个案例，对照各变量的测度题项对案例素材（一手、二手资料）进行阅读，明确打分标准及细则。随后借鉴Munoz和Kibler（2016）、张帅（2018）基于二手数据进行中小样本QCA研究的策略，3位成员分别对同一案例打分，并检验打分的一致性，对于通过一致性检验的题项，取平均值作为该题项最终得分。具体处理过程如下：①整理相关数据资料并归类放入相应的 Excel 表格；②交叉核验原始材料；③提炼与赋值标准相关的数据；④核验提炼后的数据；⑤确认企业核心能力、客户群、客户关系、环境不确定性、政策支持维度属性的打分标准；⑥确定条件与结果的分值；⑦运行 fsQCA3.0 软件。在这个过程中，我们采用 IRA 系数检验 2 位成员的打分一致性，计算公式为式（4-1）（张帅，2018），并取均值作为最终得分。对于一致性不通过（R<0.7）的题项进行讨论，并剔除关键数据模糊不清和信息缺失过多的案例，最终保留 21 个案例的打分数据。在式（4-1）中，$S_{(X)}^2$ 为 2 位评分员对题项 $S_X^2$ 的观测方差，$\delta_E^2$ 是期望方差，$A$ 代表反应选项。本章采用李克特 5 点量表，故 $A=5$。

$$R = 1 - \frac{S_{(X)}^2}{\delta_E^2} \tag{4-1}$$

表 4-2 打分分配情况

| 序号 | 企业 | 收集人员 | 编码人员 | 序号 | 企业 | 收集人员 | 编码人员 |
|---|---|---|---|---|---|---|---|
| 1 | SG | a、b、c | a、c | 12 | SY | a、b、c | a、b |
| 2 | ZGJS | a、b、c、d | a、b | 13 | RS | a、b、c、d | a、d |
| 3 | ZD | a、d | a、d | 14 | ZJGQ | a、c、d | a、c |
| 4 | TLJD | a、b、c | a、b | 15 | CGSW | a、d | a、d |
| 5 | BXJC | a、c、d | a、c | 16 | AQJM | a、c、d | a、c |
| 6 | AL | a、c、d | a、d | 17 | SDWD | a、b、c | a、b |
| 7 | HFSS | a、b | a、b | 18 | XALJ | a、c | a、c |
| 8 | NK | a、c | a、c | 19 | JDKJ | a、b | a、b |
| 9 | JJ | a、b、c、d | a、b | 20 | WH | a、b、c、d | a、d |
| 10 | HY | a、c | a、c | 21 | QLXD | a、b | a、b |
| 11 | JF | a、c、d | a、d | | | | |

资料来源：笔者整理。

### 五、变量赋值标准

**(一)结果**

本章的结果变量包括产业内多元化与产业间多元化。产业内多元化是指企业在一个产业内的多个细分市场中存在产品线（Li and Greenwood，2004；Stern and Henderson，2004）；产业间多元化是指企业在不同产业间扩张新业务（Pitts and Hopkins，1982；Chandler，1962；Gort，1962）。我们采用标准行业分类代码（简称SIC代码）的行业分类法进行测量（Gort，1962）。SIC四位代码由国家相关权威部门发布，近乎规定了全社会的经济活动，可信度较高。本章研究的具体测量步骤如下：

首先，确定样本企业主营业务所在行业的SIC代码。通过样本筛选获得制造业大类单项冠军示范企业（2016~2020年）名单，对照工信部发布的公开信息确定其主营业务。同时，对照《国民经济行业分类与代码》（GB/T 4754—2017），确定样本企业主营业务所在行业的四位数代码。其次，确定样本企业其他业务及所在行业的SIC代码；如果是上市企业，则根据企业年报中的"董事会报告"信息，确定企业其他业务及对应SIC代码；如果是未上市企业，则按照企业官网公布的"企业产品/业务"，以及企业申报"单项冠军"的公开材料确定企业其他业务的SIC代码。再次，样本企业其他业务的确定。结合上市公司信息披露规定，我们根据企业年报中"主营业务分析"部分公布的信息，将企业业务收入或营业利润在10%以上（含）的经营业务和行业列为企业多元化发展的其他行业和业务。此外，对于主营业务繁多从而无法直接按照上述标准进行分类的企业，将依照企业的公开信息获取主营业务的详细属性，经团队成员商议判定其所属分类。最后，样本企业编码。如前所述，对比样本企业主营业务和其他业务的SIC代码。SIC代码由四位代码组成，其中前两位代码表示行业大类，后两位代码代表产品小类（王亮等，2009）。若主营业务和其他业务的 SIC 代码前两位相同，则表示企业的产品业务存在于同一个大类行业中，属于产业内多元化，编码为 0；若主营业务和其他业务的 SIC 代码前两位不同，则表示企业的产品业务存在于两个及以上大类行业中，属于产业间多元化，编码为 1。

（二）条件

为保证研究效度，本章参考已有研究和成熟量表对条件进行测度，统一编码标准。在此基础上，结合隐形冠军企业的发展特点对测量题项描述进行修改。对于条件的测量主要通过李克特 5 点量表取值获得。

（1）企业核心能力。企业核心能力是指企业对自身组织管理能力的应用、对不同技术的整合以及对新知识的吸收学习能力（Prahalad and Hamel，2010）。本章结合 Hafeez 等（2002）、黄蕴洁和刘冬荣（2010）的量表设计，从组织管理、市场开发、技术创新、生产管理四个方面进行测量，一共 8 个题项。

（2）客户群。客户群是指企业在一段时间内反复与其交易的一组客户，他们在交易期间为企业的收入和利润做出贡献（Manral and Harrigan，2018）。主要借鉴 Chatterjee 和 Wernerfelt（1991）、Manral 和 Harrigan（2018）的研究，包括获取新客户、留住现有客户、提高客户的消费水平、提供互补/非互补产品 4 个题项。

（3）客户关系。客户关系根植于企业与客户之间的互动中（Manral and Harrigan，2018）。借鉴 Granovetter（1992）、王伟（2020）的量表，主要包括情感强度、信任程度、互惠程度、协作程度 4 个题项。

（4）市场不确定性。本章结合 Miller 和 Friesen（1983）、罗兴武（2016）的研究，从环境包容性和环境竞争性两个方面对市场环境的不确定性程度进行测量，主要包括行业内技术变化、核心产品更换速度、行业增长速度、市场中获利机会、顾客需求多样性、行业内竞争、行业间竞争7个题项。

（5）政策支持。国家政策变化一直是我国企业面临的主要不确定性制度因素之一（曹向等，2020）。本章采用"政策支持"来描述企业面临的制度环境。主要参考郑绪涛和柳剑平（2008）以及曾萍等（2014）的研究，包括政府补贴、税收优惠、人才吸引、政府采购4个题项。各变量的原始数据描述性统计如表4-3所示。

表4-3　条件和结果的描述性统计分析

| 条件和结果 | 平均值 | 标准差 | 最大值 | 最小值 |
|---|---|---|---|---|
| 企业核心能力 | 3.674 | 0.639 | 4.630 | 2.500 |
| 客户群 | 3.326 | 0.814 | 4.750 | 1.750 |
| 客户关系 | 3.567 | 0.944 | 4.750 | 2.000 |
| 市场不确定性 | 2.996 | 0.838 | 4.140 | 1.400 |
| 政策支持 | 3.452 | 0.811 | 4.500 | 2.000 |
| 产业多元化 | 0.429 | 0.495 | 1.000 | 0.000 |

资料来源：笔者整理。

在进行 fsQCA 分析前，需要先对样本数据进行校准，即通过设定3个校准锚点（完全隶属、交叉点和完全不隶属），将变量转化为模糊集的过程。本章在选择锚点阈值时主要基于李克特5点量表，将"5"定为完全隶属校准锚点，"3"定为交叉点校准锚点，"1"定为完全不隶属校准锚点，利用fsQCA3.0软件将数据校准为0~1模糊集隶属分数。各变量锚点校准如表4-4所示。

表 4-4　各条件和结果的校准锚点

| 条件和结果 | | 目标集合 | 完全不隶属 | 中间点 | 完全隶属 |
|---|---|---|---|---|---|
| 条件 | 企业核心能力 | 高企业核心能力 | 1 | 3 | 5 |
| | 客户群 | 客户群水平高 | 1 | 3 | 5 |
| | 客户关系 | 与客户关系紧密 | 1 | 3 | 5 |
| | 市场不确定性 | 市场环境不稳定 | 1 | 3 | 5 |
| | 政策支持 | 支持性政策多 | 1 | 3 | 5 |
| 结果 | 产业内多元化 | — | \multicolumn{3}{0=产业内多元化；1=产业间多元化} |
| | 产业间多元化 | | | | |

资料来源：笔者整理。

# 第三节　结果与发现

## 一、必要条件分析

必要条件指不论在什么情景下，某个导致结果发生的条件总是存在（Ragin，2014）。当 fsQCA 结果显示某个条件的一致性水平大于 0.9，则认为该条件是结果的必要条件（Ragin，2014）。通过 fsQCA 软件进行的必要性检验结果如表 4-5 所示，中国隐形冠军企业产业内多元化与产业间多元化的所有条件影响结果的一致性和覆盖度均小于 0.9，因此不构成必要条件。本章将这些前因条件纳入 fsQCA，进一步分析引致中国隐形冠军企业产业多元化的组态。

表 4-5 单个条件的必要性检验

| 条件 | 高产业内多元化 | | 高产业间多元化 | |
|---|---|---|---|---|
| | 一致性 | 覆盖度 | 一致性 | 覆盖度 |
| 市场不确定性 | 0.759 | 0.772 | 0.706 | 0.505 |
| ~市场不确定性 | 0.513 | 0.713 | 0.680 | 0.665 |
| 政策支持 | 0.792 | 0.632 | 0.752 | 0.735 |
| ~政策支持 | 0.656 | 0.465 | 0.457 | 0.374 |
| 企业核心能力 | 0.822 | 0.736 | 0.749 | 0.820 |
| ~企业核心能力 | 0.438 | 0.567 | 0.382 | 0.469 |
| 客户群 | 0.659 | 0.476 | 0.739 | 0.599 |
| ~客户群 | 0.457 | 0.376 | 0.652 | 0.699 |
| 客户关系 | 0.566 | 0.751 | 0.504 | 0.764 |
| ~客户关系 | 0.673 | 0.559 | 0.412 | 0.501 |

资料来源：笔者整理。

## 二、充分条件分析

遵循现有研究，本章将频数阈值设定为 1，一致性阈值设定为 0.8，PRI 阈值设定为 0.7，得出了复杂解、简约解和中间解（杜运周、贾良定，2017）。本章汇报中间解，并将简约解作为确定核心条件的补充。通过 fsQ-CA3.0 软件并根据组态结果进行组态分析（见表 4-6）。

表 4-6 两类多元化的前因条件组态

| 条件 | 产业内多元化 | | | | 产业间多元化 | | | |
|---|---|---|---|---|---|---|---|---|
| | 1a | 1b | 2 | 3 | 4a | 4b | 5 | 6 |
| 市场不确定性 | | • | • | ⊗ | ⊗ | ⊗ | • | ● |
| 政策支持 | • | | • | • | ● | ● | • | ⊗ |
| 企业核心能力 | | • | ● | ● | ● | ● | ● | ● |

续表

| 条件 | 产业内多元化 | | | | 产业间多元化 | | | |
|---|---|---|---|---|---|---|---|---|
| | 1a | 1b | 2 | 3 | 4a | 4b | 5 | 6 |
| 客户群 | ● | ● | | ⊗ | | • | ● | ⊗ |
| 客户关系 | ● | ● | ● | | ⊗ | | | |
| 一致性 | 0.873 | 0.891 | 0.823 | 0.815 | 0.831 | 0.856 | 0.823 | 0.810 |
| 原始覆盖度 | 0.354 | 0.403 | 0.272 | 0.194 | 0.154 | 0.184 | 0.072 | 0.169 |
| 唯一覆盖度 | 0.224 | 0.273 | 0.138 | 0.095 | 0.072 | 0.096 | 0.028 | 0.076 |
| 总体一致性 | 0.874 | | | | 0.825 | | | |
| 总体覆盖度 | 0.689 | | | | 0.475 | | | |

注：●表示核心条件存在，⊗表示核心条件缺失，空格表示该条件无关紧要，•表示边缘条件存在，⊗表示边缘条件缺失。

资料来源：笔者整理。

## （一）隐形冠军企业产业内多元化驱动模式分析

由表4-6可以看出，隐形冠军企业产业内多元化存在四种组态，并且这四种组态各自的一致性和总体一致性均大于理论值0.8，总体覆盖度为0.689，说明这四种组态都是隐形冠军企业产业内多元化的充分条件组合。本章依照各个组态核心条件，将它们归纳为以下三种驱动模式：

### 1. 需求侧协同型

组态1a（政策支持＊客户群＊客户关系）和组态1b（市场不确定性＊企业核心能力＊客户群＊客户关系）被纳入第一类前因组态条件中。在不同的外部环境下，两类组态均呈现出高客户群和高客户关系组合。组态1a表明，当政策支持较为有利时，只要隐形冠军企业拥有高客户关系和高水平客户群，就能驱动其实现产业内多元化。案例企业JJ的主营产品应用广泛，客户群涉及环保、矿物及加工等多个行业，在频繁的互动过程中与客户建立了长期稳定的战略合作伙伴关系。随着终端产品的多样化，行业不断注入新需求，这类企业在巩固与既有客户业务合作关系的基础上，进一步拓展市场范围。组态 1b 表明，在市场不确定性较高的情况下，通过丰富的需求侧资源与企业核心能力加持，也能实现产业内多元化。有利的客户群和客户关系同时存在会产生需求侧协同，隐形冠军企业通过对需求侧资源的主动引导和利用，形成以客户为中心的多元化，向客户提供互补/非互补产品（Manral and Harrigan，2018），满足多元化客户类型的不同需求，从而驱使企业实现产业内多元化以获得更大的收益。JDKJ 为这一路径的典型案例。JDKJ 建立了稳定的客户群和健全的销售网络，但是随着新能源、新材料的不断发展和行业技术革新，企业上游供应链存在波动。在不稳定的市场环境下，企业主动出击，以现有客户群为基准，调整业务结构，以客户需求为导向，在行业范围内开拓新的市场。因此，我们将这两条路径共同命名为"需求侧协同型"。

2. 关系驱动型

组态 2（市场不确定性 * 政策支持 * 客户关系）表明，只要隐形冠军企业与客户保持较好的关系，在环境中等有利的情况下（高市场不确定性和高政策支持），依旧可以实现产业内多元化。例如，案例企业 WH 的主营产品直销比例为 80%，高占比的直销客户对企业提升产品需求稳定性，保持稳定的价格策略具有重要作用。与客户保持紧密联系是隐形冠军企业应对市场环境变化的重要方式。在位企业通过巩固已有客户关系，与现有客户深度绑定，向其"追加销售"，有利于维持企业的市场领先地位。在与客户的长期互动过程中，企业积累了大量客户知识，这为深入理解客户复杂偏好，向其提供补充产品或服务提供了机会。同时，这可以降低客户的转换行为，帮助企业降低管理客户群的不确定性（Rawley and Simcoe，2010）。依靠与客户建立起的深度联系，企业可以从单一产品提供者向"一站式"服务系统解决方案供应商转变。此外，许多隐形冠军企业所在行业集中度低，竞争格局不稳定，企业在巩固与现有客户业务合作关系的基础上，以国家政策为指引，利用产业集群的聚集效应进一步拓展市场范围。因此，我们将这条路径命名为"关系驱动型"。

3. 技术驱动型

组态 3（~市场不确定性 * 政策支持 * 企业核心能力 * ~客户群）表明，只要隐形冠军企业拥有较强的核心能力，在外部环境较为有利的情况下（非高市场不确定性和高政策支持），哪怕客户群水平低，也能实现产业内多元化。中国有相当一部分隐形冠军企业在对技术的整合与应用过程中不断拓展技术应用边界，实现目标客户群的多样化（王益民等，2019）。案例企业 SYGX 早期只是一家普通的光学冷加工乡镇企业，主要生产照相机镜头等。随着移动设备的迅速发展，SYGX 敏锐地预见了手机镜头的潜在市场机会，果断开始进行手机摄像模组的研发。随后，凭借强大的企业核心能力，将光学加工技术不断应用到车载成像系统、安防监控系统等光电机器视觉的相关场景中，不断拓展现有客户群。这类隐形冠军企业所处行业受到国家政策引导，有一定的借鉴作用。在组态 3 中，非高市场不确定性和高政策支持说明产业整体发展环境有利，增长潜力巨大。企业的客户群处于低水平，说明企业现有客户群较为零散，企业受到客户容量限制以及产品"小批量"订单特性的影响，整体增长情况不乐观。同时，这也意味着在整个产业内存在大量潜在客户有待开发。企业在有利的外部环境和低水平客户群的条件下，依托高企业核心能力，将技术应用到产业内的不同场景中，以实现客户群的多元化。因此，我们将这条路径命名为"技术驱动型"。

（二）隐形冠军企业产业间多元化驱动模式分析

由表 4-6 可以看出，隐形冠军企业产业间多元化存在四种组态。其中，四种组态的总体一致性为 0.825，四种组态各自的一致性也均大于 0.8，总体覆盖度为 0.475，表示四种组态均可作为解释产业间多元化的组态。本章依照各个组态核心条件，将它们归纳为以下三种驱动模式：

1. 能力驱动型

组态 4a（~市场不确定性 * 政策支持 * 企业核心能力 * ~客户关系）与组态 4b（~市场不确定性 * 政策支持 * 企业核心能力 * 客户群）的核心条件相同，均为高企业核心能力、非高市场不确定性及高政策支持，边缘条件需求侧资源存在差异（低客户关系和高客户群）。这表明，在有利的外部环境下（非高市场不确定性和高政策支持），即使需求侧资源存在差异，隐形冠军企业依托自身强核心能力也可以实现产业间多元化。例如，案例企业 LJ 由所在的单晶硅细分市场，在前向一体化的基础上，又向产业链下游延伸。又如，案例企业汽车零配件供应商 ZD 以橡胶密封件起家，进入汽车行业的其他配件子行业，向综合汽车零部件供应商进行深度转型。虽然它们的跨产业发展路径存在差异，但其直接动因都是企业强大核心能力的迁移，有利的外部环境对隐形冠军企业产业间多元化同样具有重要推动作用。相比于一般的制造企业，隐形冠军企业长期处于行业内的某个细分领域，政府对某一个产业的政策性指示更多的是针对某个行业整体的方向性把握和建议。在稳定的市场环境下，这一支持性政策对产业的影响更加明显，有利于地区产业集群的聚集与发展，更有利于企业做出前瞻性决策与判断。因此，我们将这两条路径共同命名为"能力驱动型"。

2. 混合驱动型

组态 5（市场不确定性 * 政策支持 * 企业核心能力 * 客户群）表明，在高企业核心能力和高客户群作用下，面临中等有利环境的隐形冠军企业（高市场不确定性和高政策支持），也将致力于实现产业间多元化。在这条路径下，企业主营产品所在行业竞争激烈，市场不确定性程度较高，但是相关产业受到政府政策的大力支持。企业依靠自身核心能力与现有客户群基础，抓住时机向国家支持性产业靠拢，借政府政策支持的"东风"，发展跨产业业务，实现产业间多元化，用以抵御市场环境动荡带来的不确定性。例如，案例企业 HY 主要从事空分设备的研发、设计及制造等，行业竞争激烈，但是得益于行业龙头地位，其与许多客户建立了长期稳定关系。此外，工业气体市场前景广阔且近年来发展迅速，企业多年积累的客户同样是工业气体的主要需求者。因此，HY 凭借自身核心能力和强大客户群顺利进入气体行业，获得新的利润增长点。当然，这类隐形冠军企业主营业务产生的技术溢出效应为企业带来了技术优势，结合企业自身良好的技术整合能力和组织管理能力，使企业先天具备跨产业经营的能力。随着主营产品客户群规模的扩大，企业转向其提供其他互补产品的可能性变大。现有高质量客户群表现出强大的购买力，为企业的多元化战略提供保障。因此，在需求侧资源与供给侧资源的共同作用下，企业通过跨行业发展实现利润增长。随着互补性需求的扩大，隐形冠军企业通过平台化或生态化成长可以进一步夯实行业领导者地位（杜晶晶、胡登峰，2020）。在数字经济背景下，这条路径将成为更加典型且更具生命力的发展轨迹。

3. 环境驱动型

组态 6（市场不确定性 * ~政策支持 * 企业核心能力 * ~客户群）表明，在企业面临高市场不确定性，加之行业发展处于非高政策支持甚至遭受政策限制、客户资源受限等一系列劣势的情况下，有核心能力基础的企业为寻找新的经济增长点，不得不另辟蹊径。例如，受到宏观经济增速下滑、国外竞争对手抢占市场份额以及二手钢琴销量冲击的影响，ZJGQ 主营的钢琴乐器产品销量增速有所放缓，市场容量收缩。ZJGQ 积极布局服务业转型，将经营战略重心从传统的钢琴制造转移至品牌塑造，借助"互联网+"布局钢琴售后服务市场，提供物流、咨询、教育等增值服务，为企业未来成长开发出新的获利方式。通过为客户提供"一站式解决方案"，尽可能帮助客户降低信息搜索成本（Ye et al.，2012），实现产业间多元化。虽然企业多元化的动因在于不得不逆境突围，但核心能力仍然是其实现跨行业发展的重要保障。因此，我们将这条路径命名为"环境驱动型"。

### 三、产业多元化不同路径驱动机制讨论

进一步对比两类隐形冠军企业多元化成长路径，具体有以下发现：

第一，需求侧驱动为隐形冠军企业产业内多元化提供内生动力。在产业内多元化的发展路径中，核心能力只在一条路径（组态5）中作为核心条件出现。这意味着即使没有核心能力的加持，在丰富的需求侧资源驱动下，产业内多元化依然是该类企业进行多元化发展的首要布局。这是因为隐形冠军企业处于高度细分的市场结构中，高水平的客户群和客户关系促使隐形冠军企业与客户深度绑定，便于企业挖掘更多的成长机会。尤其是当高水平的客户群和客户关系同时存在时会产生需求侧协同，隐形冠军企业通过对需求侧资源的主动引导和利用，向客户提供其他互补/非互补产品，从而驱使企业实现产业内多元化以获得更大的收益。

第二，企业核心能力对隐形冠军企业两类产业多元化的驱动效应显著，但分别以不同的形式起作用。从实证结果来看，高企业核心能力存在于两种类型的产业多元化中，但是产业内多元化中仅在技术驱动型模式中以核心条件存在，而产业间多元化的三种驱动模式均存在企业核心能力，并且几乎都作为核心条件存在。这说明，相较于产业内多元化，产业间多元化对企业的综合能力要求较高，更多是行业龙头企业在一定组织管理能力和技术整合能力积累下做出的选择。龙头企业可以借助核心能力的优势，整合产业链上下

游实现产业间多元化，也可以通过制造业服务化转型，整合需求侧资源，通过生态化发展实现产业间多元化。无论哪一条路径，都反映了隐形冠军企业深耕细作、稳扎稳打的战略逻辑，也为我国制造业企业转型升级和生态化发展提供了参照。

第三，外部环境对隐形冠军企业产业间多元化具有更重要的推动作用。从实证结果来看，市场环境的不确定性在产业间多元化的三种组态中均以核心条件存在，政策支持也均以核心或边缘条件出现在三种组态中。由此可知，相较于产业内多元化，环境变化对产业间多元化的影响更为明显。通过对比能力驱动型和环境驱动型两种模式我们进一步发现，市场环境的不确定性在外部环境中的作用尤为突出，它区分了两种类型的隐形冠军企业产业间多元化模式。如果说产业内多元化是隐形冠军企业利用需求侧资源，或乘着政策东风"水到渠成"的发展结果，产业间多元化则需要企业家在不确定的环境中进行前瞻性预判，是"稳中求变"或"逆境突围"的结果。这也进一步说明了隐形冠军企业产业多元化的战略决策并非是单一要素决定的，也并非是企业家一时兴起之举，而是多重因素并发，在内外部环境下相机而动做出的选择。

### 四、稳健性检验

为了确定研究结论的可靠性，本章通过调整一致性阈值对产业间多元化进行稳健性检验，将 PRI 一致性从 0.7 提高至 0.75，检验结果如表 4-7 所示。对比表 4-6 和表 4-7 可以发现，总体解的一致性和覆盖度发生了细微变化，但对研究结论并未产生实质性影响，组态与调整前研究结论基本一致，研究结论具有稳健性。

表4-7 产业间多元化组态的稳健性检验

| 前因条件 | 产业间多元化 (频数阈值为1, PRI一致性为0.70) | | | | 产业间多元化 (频数阈值为1, PRI一致性为0.75) | | | |
|---|---|---|---|---|---|---|---|---|
| | 4a | 4b | 5 | 6 | 4a' | 4b' | 5' | 6' |
| 市场不确定性 | ⊗ | ⊗ | • | ● | ⊗ | ⊗ | | • |
| 政策支持 | ● | ● | • | ⊗ | • | • | ● | ⊗ |
| 企业核心能力 | ● | ● | ● | • | ● | ● | ● | • |
| 客户群 | | • | ● | ⊗ | | | • | ⊗ |
| 客户关系 | ⊗ | | | | ⊗ | | ⊗ | |
| 一致性 | 0.831 | 0.856 | 0.823 | 0.810 | 0.963 | 0.892 | 0.889 | 0.892 |
| 原始覆盖度 | 0.154 | 0.184 | 0.072 | 0.169 | 0.121 | 0.104 | 0.051 | 0.137 |
| 唯一覆盖度 | 0.072 | 0.096 | 0.028 | 0.076 | 0.039 | 0.113 | 0.012 | 0.056 |
| 总体一致性 | 0.825 | | | | 0.859 | | | |
| 总体覆盖度 | 0.475 | | | | 0.417 | | | |

注：●表示核心条件存在，⊗表示核心条件缺失，空格表示该条件无关紧要，•表示边缘条件存在，⊗表示边缘条件缺失。

资料来源：笔者整理。

# 第四节 研究结论

本章以21家单项冠军示范企业为样本，基于fsQCA方法进行前因组态分析，探讨"供给侧—需求侧—外部环境"共同影响下中国隐形冠军企业产业多元化的形成路径，得出以下主要结论：

第一，隐形冠军企业多元化受内外部因素共同影响。其中，需求侧驱动为隐形冠军企业产业内多元化提供内生动力。产业内多元化的四种等效组态，可进一步归纳为需求侧协同型、关系驱动型和技术驱动型三种模式，而企业核心能力是隐形冠军企业顺利实现产业间多元化的重要条件。产业间多元化的四种等效组态，可进一步归纳为能力驱动型、混合驱动型和环境驱动型三种模式。

第二，外部环境对隐形冠军企业产业间多元化具有重要推动作用。这表明隐形冠军企业产业间多元化战略受外部环境的影响较为深刻，其中市场环境不确定性的作用尤为明显，它区分了两种类型的隐形冠军企业产业间多元化模式，体现出不同行业特性、竞争强度对企业多元化类型选择有重要影响，尤其是对于中国隐形冠军企业而言，政府政策支持通过产业集群的聚集与市场不确定性产生联动效应。在外部环境有利的情况下，隐形冠军企业通过"一体化"方式实现产业间多元化；在外部环境不利的情况下，企业通过服务化转型实现产业间多元化。

第三，对比两类产业多元化驱动机制的前因组态，能够发现定性比较分析的因果复杂性特点。具体表现为：企业核心能力对隐形冠军企业产业多元化具有重要影响，但在不同路径下发挥着不同的作用；政策支持对产业间/产业内多元化战略均凸显驱动效应。这体现出定性比较分析的非对称性，也展现了中国隐形冠军企业独特的成长路径。

# 第五章
# 中国隐形冠军企业融通
# 创新成长路径启示

## 第一节　隐形冠军企业培育的重要意义

### 一、隐形冠军企业是中小企业发展的新方向

赫尔曼·西蒙（2015）指出，"隐形冠军"的界定有三个标准：一是世界前三强的公司或某一大陆上名列第一的公司；二是营业额低于 50 亿欧元；三是不是众所周知的。在德国，满足"隐形冠军"条件的中小企业数量达到 1300 家之多，这些占企业总数 99.7%的中小企业共同推动"德国制造"成为高品质的代名词。在中国，截至 2017 年 7 月底，中小微企业已达 7328.1 万户，但存活五年以上的中小企业不到 7%，十年以上的企业不到 2%。从类型来看，中国中小企业中的技术型企业比较少，服务型与传统制造业企业比较

多。目前，市场需求的增长及对外贸易的繁荣给制造业提供了巨大空间，但由于我国中小企业天生底子薄、基础差，长期代工的发展路径使得大多数中小企业抵御风险能力偏弱，在市场竞争中处于劣势。因此，转变发展方式、增强企业硬实力是当下中小企业面临的紧迫问题。在国家第四批制造业单项冠军遴选活动中，明确提出统筹制造业单项冠军和专精特新"小巨人"企业培育工作。支持"小巨人"企业成长为单项冠军，其实就是希望中小企业可以明确发展方向，深耕细作，精益求精，通过高质量、内涵式发展提高自身抗风险能力，走可持续发展道路。

## 二、隐形冠军企业是供给侧结构性改革的新样本

自供给侧结构性改革概念被提出以来，提高供给体系质量成为建设现代化经济体系的主攻方向，而增强创新力、培育新动能则是深化供给侧结构性改革的重要内容。对于隐形冠军企业来说，绝大多数样本集中在工业制造业领域，尤其是机械、电子、化工、能源、医疗设备等 B2B 类型的行业。由于行业属性及传播特征，这些企业品牌可能不为广大消费者所熟知，但它们要么掌握了核心技术，要么成为关键部件或特殊材料的供应商，对终端产品的生产具有决定性作用，在产业链内部拥有绝对话语权。例如，杜晶晶和胡登峰（2020）的研究表明，作为苹果最大的中国零部件供货商之一，瑞声科技在整个苹果产业链中的毛利率最高，曾高达44.2%。该企业目前在微型声学、光学、触控、超精密元件等细分领域均做到全球市场占有率第一，在全球旗舰智能手机声学解决方案市场占有率超过90%，15年来营业收入保持每年30%以上的增长速度。中国制造业在面临多重挑战的背景下，急需培育一批拥有自主核心技术、发展成长性强、代表未来方向的新兴产业。这些位于产业"尖兵"地位的隐形冠军企业，不仅成为供给侧结构性改革的新样本，也

为无数中小企业提供了一种新标杆：只有聚焦才能做强，只有做强才能发展。

### 三、隐形冠军企业是制造业转型升级的成绩单

目前，我国已经成为世界制造大国，在量的积累上已超过美国、日本和德国等国家，但中国制造自主研发核心技术的能力在长期代工生产模式下仍有待提高。在一些关键零部件、元器件以及技术含量高的关键材料上，70%依赖进口，高端专用芯片的进口依赖度甚至达到95%，这导致我国相关制造业面临"低端锁定"的困境，产业链和供应链安全得不到保障。习近平总书记强调："只有把核心技术掌握在自己手中，才能真正掌握竞争和发展的主动权，才能从根本上保障国家经济安全、国防安全和其他安全。"如果我国产生了一大批隐形冠军企业，在核心技术积累上取得重要突破，并在各自产业链体系内拥有话语权，那就意味着我国制造业转型升级取得了更大的实质性进展，这也有利于保障我国的产业安全。

近年来，我国制造业转型升级持续推进。制造业企业迈向中高端的转型升级过程，关键是积累核心技术，在行业中占据有利位置，而"隐形冠军"正是这种能力提升的自然体现。"隐形冠军"一词由德国著名管理学家赫尔曼·西蒙提出，指那些在细分市场占据绝对领先地位但不被公众所知晓的中小企业（赫尔曼·西蒙，2015）。这一概念自2003年被引入中国以来备受各界关注，甚至工信部推出的制造业"单项冠军"评选都借鉴了这个概念的精髓（邓地，2019）。自2016年起，工信部决定开展制造业单项冠军企业培育提升专项行动，并印发了《制造业单项冠军企业培育提升专项行动实施方案》，意在引导制造业企业专注创新和质量提升。各地也相继发布隐形冠军企业培育政策，将"隐形冠军"培育作为加快制造业转型升级的重要手段。从总体上看，有些地方的培育政策对"隐形冠军"的界定还不够全面，更偏

重高市场份额、高成长性，往往将其与科技"小巨人"、"专精特新"企业等混为一谈，对行业话语权、市场细分度、产品不可替代性、创新产出绩效、持续发展能力等未作深入要求（朱巍等，2019）。从政策导向上看，除了推出奖励性政策和倾斜性政策外，尚未充分挖掘隐形冠军企业的示范效应，也未在全社会范围内产生更为广泛的影响。"隐形冠军"培育并不是孤立的政策性行为，良好的区域创新生态系统构建，有效的政策支持和引导，不仅是制造业隐形冠军企业成长壮大的内在要求，更是区域经济融通发展的现实布局，尤其是在产业互联网的发展背景下，这对于制造业隐形冠军企业的生态化转型具有重要意义。

# 第二节　隐形冠军企业融通创新发展路径展望

在第四次工业革命浪潮的推动下，传统制造业企业转型升级迫在眉睫。本书的研究为新的时代背景下我国传统制造企业转型升级及中小企业融通创新提供了一个可持续发展的参照样本。通过上述研究，本书对类似于"隐形冠军"的中小企业和其他制造企业发展提出以下启示与建议：

## 一、多元化战略

隐形冠军企业从在专业领域精耕细作到逐步进军其他行业，既是其适应外界竞争环境的防御性手段，也是其主动谋求发展，寻找更广阔市场的措施。隐形冠军企业的多元化战略可以帮助企业在分散经营风险的同时实现范围经济，使企业的剩余资源得到充分有效的利用。但是，隐形冠军企业本身的特性又要求其不能盲目进行多元化发展。

首先，隐形冠军企业可以搭乘政策"快车"开展多元化战略。受到政策支持的产业可以获得大量政府补助和市场资本的青睐。借助政策"东风"，企业可以通过两个方向实现产业多元化发展：一是将获得的政策扶持资源用于企业相关业务的开发，实现横向多元化。对于隐形冠军企业这类本身处于一个狭小细分市场的中小企业而言，产品组合能够有效提高企业的抗风险能力，通过借助技术和客户的相关性，利用产业政策支持来发展产业内其他产品线从而实现产业内多元化。二是考虑以垂直一体化的方式在产业链上下游实现纵向多元化。如果某一行业受到产业政策支持，这不仅代表着政府对该行业发展的肯定，而且说明整个产业具有巨大的发展潜力。在这种整体制度环境有利的情况下，企业在增强自身核心能力的同时进入上下游产业实现多元化发展，不仅加强了企业对上游供应商或下游客户的掌控，更为企业开辟了一个新的利润增长点。

其次，隐形冠军企业多元化转型的过程中需要构建相匹配的资源与能力（Kanninen et al.，2017；Raddats et al.，2017）。无论是基于"以产品为中心"并以产品为载体向客户提供附加的标准化服务，还是"以客户为中心"提供定制化的产品服务组合满足特定客户需求，都需要企业具备产品与服务集成的协同能力与资源整合能力。尤其是对致力于成为"集成解决方案提供商"的制造企业而言，在满足客户个性化需求的同时，需要有针对性地将企业产品与具体客户需求相融合，进而形成供需双方价值共创的策略（Spring and Araujo，2013）。在此过程中，除了对自身资源进行合理配置，企业还可以通过整合网络关系中利益相关者资源（Raddats et al.，2017），为企业服务化转型提供支撑。企业可以通过在制造、客户需求管理、服务开发以及合作协同等方面提高自身核心能力，为企业各阶段服务化转型提供保障。

最后，隐形冠军企业在选择多元化战略时，思维要从局部视角转向整体协调。企业制定和实施战略的本质，就是将自身资源能力与外部环境相互匹配的动态过程（夏健明、胡茉，2011）。依据前文的结论，产业内多元化与产业间多元化驱动机制存在多条路径，不同路径所涵盖的影响因素多种多样，而且同一因素在不同路径中既可能是长板也可能是短板。例如，在产业内多元化驱动机制的路径中，客户群既可以是高水平的也可以是低水平的，但它们分别与不同的市场环境和制度环境以及企业性质相匹配，同样可以驱动企业多元化发展。因此，企业在制定多元化战略时，需要全面考察各类要素的组合情况，选择与自身相匹配的模式。

### 二、需求方驱动战略

首先，对于走"专精特新"发展道路的中小企业来说，围绕需求方尤其是用户需求与用户关系苦练内功，才能培养"专注力"。企业需要将用户纳入价值创造环节，实现由强调异质性资源转向关注用户需求，认识到自身以往经营中积累的用户是其未来发展的核心资源。目前互联网企业充分重视用户资源，作为积极转型的传统企业更要从战略高度对此予以重视。由于用户资源无法在短期内体现出明显的收益，甚至可能会出现亏损的情况，因此需要传统中小企业积极转变经营理念，不能以常规的资源配置和业绩评价方式来管理企业，可以尝试通过构建用户数据库，实现自有转化、购买和聚合用户数据，基于竞争优势的"需求端范式"，利用用户沉淀和价值开发实施构建生态系统，充分发挥生态圈客户数字资源的效用，进而实现企业的稳步前进。构建用户数据库的前提是精准捕捉、吸收足够的需求信息，为此，企业可以通过建立复杂的算法迅速捕捉消费者的使用信息（Randhawa et al.，2021），创造与用户实时交互的环境，实现精准画像，洞察用户的个性化、多样化需求，从而推动供需精准匹配以充分挖掘可能的价值创造潜力。同时，由于市场需求的不确定性，需要企业不断地检验顾客需求以证实需求是否存在并不断提供解决方案，通过不断迭代自己的产品和服务逐步验证解决方案是否能为顾客创造价值，这一迭代过程也是帮助企业寻求和创造客户价值的过程。

其次，将感知到的需求变化内化为企业能力的提升，是企业在激烈的市场竞争中立足并获得优势的关键。企业需要注重需求方能力的培育，基于用户需求变化带来的发展机遇，内部资源应以此为导向及时整合优化，修炼出企业持续发展的"造血能力"。将需求方学习与企业的组织学习有机结合，满足用户需求的同时进一步推进业务流程优化、组织结构的变革和知识的创新。例如，企业可以围绕智能技术开发信息共享机制，利用信息技术的"服务化"特性，不断扩大核心用户规模，一方面加强关系网络建设，在与老客户保持紧密联系的同时积极扩大新客户群，提高客户粘性；另一方面，通过引入先进内部信息分析系统，准确抓取，吸收变化的客户信息，进而增强服务客户的能力等。特别是在实现基于生态系统的价值创造中，企业需要强调对价值共创能力的关注，通过数字资源的沉淀与共享吸引合作伙伴共建生态，实现隐形冠军企业的可持续发展。

### 三、平台化发展战略

首先，平台化扩张要重视效率的提升。相比单纯追求交易连接和用户体量的消费互联网平台，产业互联网平台更注重优势融合和产业整体效率的提升，产业互联网价值共创的思路是"先提质后增量"，为此需要在深挖用户需求、设计体验良好的平台架构的基础上进一步推动平台纵向扩张和横向扩张。然而，如果平台启动阶段平台企业仅仅满足于规模增长，很可能陷入产业增量不提质的"次优循环"，既不能发挥自身具备的行业经验优势，也无法在竞争激烈的消费市场中占据领先地位。因此，建设产业互联网平台需要明确提升产业效率的根本目的，利用平台架构设计整合上下游资源，打造全链闭环服务体系，才能赋能产业链上下游用户，获得良性成长（杜华勇等，2021）。

其次，注重生态合作能力的培育。隐形冠军企业大隐于世却在行业内声名显赫，多年的精耕细作使其具有丰富的行业经验，为此应摒弃"零和博弈"思维，在转型成熟后可将沉淀的资源和能力封装为解决方案对外输出，助力传统产业转型升级。在数字技术的推动下，隐形冠军企业要积极发挥自身在行业内积累的优势，聚合产业链中的"小散乱"，将区域发展的劣势因子转化为优势因子，努力打造一个或多个数字平台，以激活平台撬动的生态主体，实现可持续发展，带动行业实现转型升级。在这一过程中，吸纳更多利益相关者共建平台，为实现平台模式落地发挥了关键作用，与利益相关者共创的方式不仅可以避免战略变革面临的组织惯例，而且可以保证企业经营的自主权，避免因依附于第三方平台而面临掣肘，从而降低风险，提高平台的交易效率。同时，吸纳多方利益相关方共创价值，有利于利用平台商业模式带来的开放性、效率性与融通性对外输出产业资源和先进经验，更深层次地整合需求方、供给方资源，推动平台参与者知识共享，实现领先企业及整个行业生态的可持续成长（杜晶晶、胡登峰，2020）。

最后，充分发挥数字技术的跳板作用。利用数字技术积极推进企业内外部数字建设，培养驱动企业技术优势提升的数字汲取与协调能力，强化数字能力与技术设计、研发、生产、营销的有机柔性融合。一方面，企业可利用数字技术连接属性建立利益相关者之间的交互渠道，平台实时获取利益相关方信息，挖掘利益相关方核心需求，以满足需求为核心，开发产品，提供服务。另一方面，借助数字技术构建敏捷组织架构、智能生产线、协同供应链等敏捷价值共创体系，快速响应用户需求，借助数字技术构建柔性、敏捷与协同的组织架构、生产制造线与供应链等，实现资源的优化配置与需求的快速响应。

## 第三节　隐形冠军企业培育与区域创新生态系统构建的内在联系

自 20 世纪 90 年代中期以来，随着生态位研究被引入技术能力与技术创新研究中，创新范式在经历线性范式、创新系统之后开始进入创新生态系统时代（创新 3.0 时代）（李万等，2014）。许多国家和地区探索运用创新生态系统的理念探索创新发展新范式，提升区域创新能力，涌现出诸如美国硅谷等区域创新生态系统典范。当前，我国经济正处于新旧动能转换的关键时期，也是产业转型升级的阵痛期。中国隐形冠军企业培育，更需要政府从宏观层面总体布局、协调推进。构建区域创新生态系统，发挥隐形冠军企业在经济结构调整中的示范与引领作用，是推动区域经济协调发展，应对互联网技术对制造业挑战的现实需要。

### 一、隐形冠军企业对区域创新生态系统发展的影响

（一）隐形冠军企业是区域创新生态系统发展的中坚力量

党的十九大报告指出："我国经济已由高速增长阶段转向高质量发展阶段。"实现制造业高质量发展既需要龙头企业，也需要中小企业，尤其是掌握高精尖技术、依靠创新驱动发展的中小企业。因此，隐形冠军企业的培育

是推动区域经济发展方式转变和区域创新生态系统发展的核心因素和内在需要。这些隐形冠军企业长期聚焦主业，可持续发展能力强，代表先进技术水平，拥有核心自主知识产权，主导或参与制定国际标准。以隐形冠军企业为标杆，引导企业坚持专精发展道路，不仅能激发中小企业创新活力，也能突破制造业关键领域短板，夯实制造业强国基础，同时能发挥行业排头兵作用，带动区域创新生态系统要素共同发展。放眼当下，全球正在进入以信息产业为主导的经济发展时期，能否抓住数字化发展的机遇，对制造强国目标的实现具有重要影响。尤其是在制造业服务化的背景下，隐形冠军企业的平台化转型，可以带动一批生产性服务业的服务集群。因此，我们需要着力建设高质量发展承载体，培育一批优质、高效的制造业隐形冠军企业，发挥信息化驱动引领的新引擎作用，深化信息技术与制造业融合发展；积极应对自动化、网络化、数字化、智能化对传统制造业的挑战，全面提升企业技术经济水平，以更多的隐形冠军企业带动区域创新生态系统发展。

（二）隐形冠军企业决定了区域创新生态系统的成长基因

隐形冠军企业生来必然与地区产业链集群、区域生态系统密不可分，作为区域生态系统的中坚力量，隐形冠军企业的成长对区域经济起着明显的示范作用。区域生态系统的特点是隐形冠军企业特点的延伸，同时也反过来影响隐形冠军的特质。因此，隐形冠军企业决定了区域创新生态系统的成长基因，相当程度上也决定了区域竞争力。发展中的中国经济为培育本土隐形冠军企业提供了大量的机遇，如中国大制造中的"小机会"，新兴产业崛起中的机会，完整产业链、工业体系中的机会，以及经济全球化浪潮中的机会等。创新生态系统作用的发挥需要依靠能够吸引产业聚集的隐形冠军企业，尤其是创新驱动、锐意进取的隐形冠军企业，能够带领上下游企业由低成本集群向创新型集群转变，真正发挥创新生态系统协同、共生与自组织演化的特点，最终形成以隐形冠军企业的示范效应为带动，大中小企业协同创新、融合发展的产业生态，推动地区经济持续向前发展。

## 二、区域创新生态系统对隐形冠军企业成长的意义

### (一) 区域创新生态系统帮助隐形冠军企业克服成长瓶颈

"隐形冠军"之所以得名，很大程度上是因为其长期专注一个细分市场，取得了瞩目的成就。也正是因为"小而美"的特性，其成长过程中必然面临着技术市场风险，或遭遇"成长的天花板"。相比长期自主与专注发展的德国企业，中国企业面临的市场波动性与环境不确定性与日俱增。"隐形冠军"要不要多元化这个问题，一直是各界争论的焦点。有学者认为，"隐形冠军"成功的关键不在于规模大小，也不在于是否"隐形"，而是在于是否"专精"或"专一"（谢丹丹等，2018）。基于"专精核心能力的应用多元化"将成为未来隐形冠军企业尤其是中国隐形冠军企业发展的战略布局。在这一战略指导下，隐形冠军企业可以专注于自己在技术方面的优势，并将技术应用于多元场景中持续获得增长。为了使这一增长模式复制到更多隐形冠军企业当中，地方政府应加以引导，构建分布式多中心创新生态，激发系统主体创新活力，真正实现"用户导向"和"市场导向"的资源配置方式，帮助隐形冠军企业成为大而强的"精一冠军"，而不仅仅为"单一冠军"。

### (二) 区域创新生态系统为隐形冠军企业生态化转型提供契机

随着第三次工业革命的深化，世界各国日益关注互联网在工业制造领域的发展潜力，"工业互联网"或"产业互联网"的概念一再见诸媒体报道中。美国通用电气集团（GE）发布的报告《工业互联网：突破智慧与机器的界限》指出，工业互联网是数据、硬件、软件和智能的流通和互动，强调智能设备、智能系统和智能决策三大要素要与机器、设备组、设施和系统网络全

面融合。国内学者也认识到，中国要实现从制造大国向制造强国的跨越，就必须以产业内外联合与商业生态系统的眼光，在体系架构上构建内外融合的智能制造生态圈（季六祥、盛革，2015）。一些深耕专业领域多年的隐形冠军企业已经具备了这样的实力，并展开了产业互联网布局的先动之举。生态化战略是隐形冠军企业的重要发展方向，也是区域创新生态系统的内涵体现。产业互联网的重要作用，就是聚合产业链中的"小散乱"，将区域发展的劣势因子转化为优势因子。但产业互联网并不是一朝一夕就能建成的，需要地方政府从资金融通、政策引导、统筹布局上予以支持，让有实力的隐形冠军企业在更大范围内集结与调动资源，借助跨产业（跨学科）平台驱动不同业态产业融合与创新，发挥生态系统的整体优势，提升我国制造业的国际竞争力。

## 第四节　基于隐形冠军企业成长的区域创新生态系统构建

### 一、区域创新生态系统的构成要素

创新生态系统是由创新主体、创新要素以及创新环境构成的动态平衡系统（薛楠、齐严，2019）。在协同性与开放式创新的基础上，创新生态系统更强调生态化与跨组织创新。其中，物种构成了系统组成的基本要素，物种联结形成了各种群落，物种和群落在共生竞合的相互作用中动态演化，并形成系统整体演化。

（一）创新主体

在区域创新生态系统中，物种由一个个创新主体组成，如企业、科研机构、政府等。其中处于支柱性地位的便是企业主体，包括领军企业与无数成长中的中小创业企业。企业是创新生态系统中最重要的创新物种，尤其是已具备一定规模与优势的领军企业，它们是位于"能量流"最高端的"创新掠食者"，在生态系统演化中发挥着关键作用。例如，已经具备相当实力的科技巨头，建立了企业生态系统，充分利用全球创新资源和生产要素，确立了不可动摇的行业地位。成长中的隐形冠军企业有的已经具备了这样的实力，或承担起领军企业的重任，积极进行跨产业布局和产业融合创新。大多数隐形冠军企业都在利用生态系统资源积极进行全球性、战略性布局，发展自己的"专精"优势，与系统中的其他中小企业共赢共生，为成长为领军企业蓄力。除了企业主体之外，以高校与科研院所为代表的教育机构也是生态系统中不可或缺的组成部分。高校和科研院所除了为企业提供源源不断的人才（包括技能型人才与管理人才），还为企业提供技术研发与转移等方面的重要支持。在这一过程中，政府和以风险投资、金融机构为代表的服务机构也参与其中，形成一条由科技转化为应用技术的链条。与此同时，随着生产消费者（Prosumer）的崛起以及开放式创新的普及，用户在创新生态系统中将发挥越来越重要的作用。进入"工业4.0"时代，伴随信息物联网和服务互联网与制造业的融合创新，会涌现出更多的创新合作者，他们与系统中的其他创新主体一起，推动整个创新生态系统的种群演化。

（二）创新要素

创新要素可以理解为联结主体并形成复杂网络的资源集合。资源聚集在系统内通过物质流、能量流、信息流实现内部物种、种群、群落之间及与环境之间的物质、能量和信息交换，以维持系统的稳定性和适应性。其中，物质流包括人力资本、实物资本等；能量流包括知识资本、金融资本等；信息流包括政府政策、市场信息等。创新生态系统内创新要素聚集的最大特点在于流动性、扩散性、高效性，通过建立物种之间的关联与共生来促进创新效能。从创新生态系统的发展方向来说，以更顺畅的知识流动来促进创新价值的实现是未来创新生态系统进化的必由之路。对于成长中的隐形冠军企业来说，尤其是在工业4.0背景下，基于设计驱动创新等理念的提出（赖红波，2017），更需要重视知识资本在价值创造中的作用，以作为能量流的知识或知识资本为主导，促进物质流与信息流之间交互与融通，理顺创新主体内部及创新主体之间的关系，激发"新技术、新业态、新模式"的创新成果，促进制造业顺利实现转型升级。

（三）创新环境

健康的创新生态系统不仅是诸多创新主体与创新要素的集合，更需要整体环境的配合，以实现创新生态系统的健康、协调、可持续发展。基础设施、政策/制度、文化氛围与社会环境构成了整个系统的创新环境。其中，基础设施、政策/制度成为创新生态系统运行的机制与保障，良好的生态机制推动各创新要素迅速集聚、流动、扩散，促进价值在创新主体之间的创造、传递与分享。尤其是知识产权保护与科技创新制度，能够确保企业技术专利安全，以便隐形冠军企业更加放心地进行技术创新。与此同时，文化氛围与社会环境构成了创新生态系统进化的土壤，文化环境有助于降低信息的收集与获取成本以及监督和激励成本，对政策、制度的运行具有放大效应。中国隐形冠军企业成长的一个障碍就是文化和理念的挑战，即在传统思维上我们习惯于分散风险而不是聚焦。因此，环境的营造与改变对保证创新主体与创新要素的有效运行发挥着不可或缺的作用。

综上所述，基于隐形冠军企业成长的区域创新生态系统构成如图5-1所示。

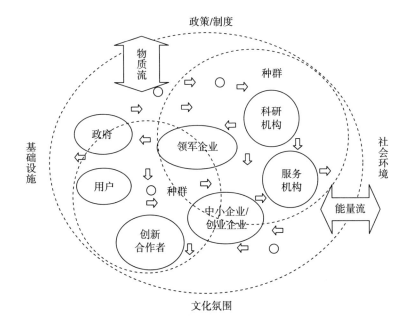

**图 5-1 基于隐形冠军企业成长的区域创新生态系统构成**

## 二、区域创新生态系统的构建措施

近年来，不少国家和地区都开始探索如何通过营造良好的创新生态来提升创新能力。在诞生越来越多隐形冠军企业的中国，以生态系统思想布局和发展区域创新系统，构建基于隐形冠军企业成长的区域创新生态系统，应成为政策制定者未来一段时间的战略思考。

（一）明确政策落地方向

构建区域创新生态系统，是高度竞争环境下地方经济发展的大势所趋。按照工信部提出的开展制造业单项冠军企业培育提升专项行动，我国计划到2025 年总结提升 200 家制造业单项冠军示范企业，发现和培育 600 家有潜力成长为单项冠军的企业。各地区在积极响应国家政策的同时，也将培育计划纳入区域创新生态系统建设中，统筹制造业单项冠军和专精特新"小巨人"企业培育工作，加快构建创新型现代化产业体系。实际上，对隐形冠军企业特别是处在发展过程中的隐形冠军企业的准确识别或预判，是政府落地培育政策、合理分配资源的前提条件。隐形冠军企业并不等同于专精特新"小巨人"企业，我们需要完善隐形冠军企业的识别标准，尤其针对隐形冠军企业在创新生态系统中的不可替代性，从行业话语权、市场细分度、产品不可替代性、创新产出绩效、持续发展能力等综合指标来识别和界定隐形冠军企业，让隐形冠军企业培育政策有更加明确的落地基础。此外，鉴于国家和区域创新系统层面的研究刚刚兴起，各级政府在实践中也需要不断探索创新，长期规划、层层推进，从区域产业发展的现状来决定政府何时介入、介入多少。对于初创期、孕育期的区域创新生态系统，可以积极推进基础设施建设并给予必要的产业引导；而对于成长期、成熟期的区域创新生态系统，则应更加重视发挥市场在资源配置中的决定性作用，同时把握好顶层设计与生态系统自组织演化的平衡，致力于发展 2.5 代创新政策，平衡管与放，多做补位。

（二）激发隐形冠军企业创新潜能

企业是创新生态系统中最重要的创新物种，在国家大力鼓励发展隐形冠军企业、发扬"工匠精神与专精精神"的背景下，地方政府应本着"梯度培育"的原则，充分激发不同类型隐形冠军企业的创新潜能，以推动区域创新生态系统的协调发展。对于已经产生社会影响的领军隐形冠军企业，应鼓励它们成长为平台型企业，建立与完善自身的企业创新生态系统，并在资金筹集、政策制度上给予支持，在海外并购等方面予以帮助，发挥领军隐形冠军企业的示范效应与带动效应。对于大部分成长中的隐形冠军企业，除了加强企业的知识产权保护与科技创新，还需要规范大企业并购中小企业的有关法规政策，引导、鼓励具有潜力的隐形冠军企业通过横向兼并扩大市场份额，获取更广阔的成长空间。对于更多中小创业企业，应鼓励它们加强技术研发投入，通过专业化经营创品牌、提品质。专精特新"小巨人"是"隐形冠军"发展的前一个阶段。国家统筹制造业单项冠军示范企业和专精特新"小巨人"企业培育工作，就是希望支持中小创业企业通过专业化发展成长为"隐形冠军"，鼓励整个区域经济体涌现出更多的"隐形冠军"。

（三）促进创新要素高效流动

为了最大限度地激发创新主体创新活力，信息流、物质流、能量流等创新要素的高效流动对于创新生态系统的运行至关重要。在这一过程中，政府可以发挥积极而重要的资源调配作用，利用公共政策的推广，加强物种的联系以促进创新。以德国"隐形冠军"培育为例，德国政府大力推进创新聚集带建设，创新聚集带提供了纵横交错的信息共享平台，不仅降低了进入门槛，还连接着实验室和市场，溢出效应非常明显。对于我国各级政府而言，应支持龙头企业联合高校和科研院所组建产学研用联合体，开展核心技术研发攻关，打造"领军企业—中小企业—科研机构—服务机构—政府"的全方位、多维度生态链，健全产业与科技协同对接机制，打造符合科技创新规律、技术转移规律和产业发展规律的技术转移体系，帮助隐形冠军企业快速将科技成果转化为经济社会发展的现实动力。随着创新3.0范式的到来，除了促进创新要素在生态系统内自由、高效流动，还需要根据隐形冠军企业的成长规律与发展特点，围绕用户和市场配置创新要素，鼓励以用户为中心的需求侧创新政策，促进创新成果在生态系统中更好地自组织发育；以用户需求为中心关联起更多的创新主体，推动跨学科、跨产业融合发展，帮助隐形冠军企业成为大而强的"精一冠军"。

（四）营造有利于隐形冠军企业成长的外部环境

有利的外部环境不仅包括基础设施、政策/制度等"硬机制"，还包括文化氛围与社会支持等"软土壤"。政府一方面要从政策制度上优化配套，为隐形冠军企业技术创新提供完善的市场制度框架，加强对企业专利权和自主知识产权的保护，加大知识产权侵权惩罚力度，营造公平竞争的市场环境；另一方面要提供完善的公共服务保障，聚焦简政放权、主动服务，给企业"松绑"，最大限度地激发创新主体的创新活力。从社会长远发展来看，需要全方位优化教育资源布局，为隐形冠军企业成长输送高质量的专业技术人才。比如，德国教育和训练并重的双轨职业教育体系对德国隐形冠军企业在全球的崛起发挥了重要作用。就我国的实践来说，应推动发展应用技术型大学，支持应用技术型大学与企业联合培养技能型和研发型人才，同时大力推动现代职业教育，鼓励职业技术学校与行业企业互动合作，建立产学研一体化的良性培养机制，积极进行长期技术人才储备。此外，还要引导形成有利于隐形冠军成长企业的文化氛围。大力弘扬优秀企业家精神，更好调动广大企业家的积极性、主动性、创造性。在全社会范围内大力弘扬工匠精神、原创精神、专注精神，形成尊重劳动、崇尚劳动的良好氛围，为隐形冠军企业的成长营造真正优质的土壤。

由于隐形冠军企业的高成长性，国家从财政、金融、人才等多个方面推出一系列政策扶持中小企业培育专精特新"小巨人"。但事实上，隐形冠军企业并不等同于专精特新"小巨人"企业，我们需要健全中小企业从"专精特新"到"隐形冠军"的培育体系，完善隐形冠军企业的识别标准。尤其针对隐形冠军企业在创新生态系统中的不可替代性，从行业话语权、市场细分度、产品不可替代性、创新产出绩效、持续发展能力等综合指标来识别和界定隐形冠军企业，让隐形冠军企业培育政策有更加明确的落地基础。同时，构建完善多主体参与的培育体系，大力培育中小企业公共服务示范平台、小型微型企业创新创业示范基地，完善"百十万千"梯度培育体系，推动更多中小企业向"专精特新"发展路径迈进。

营商环境的评价指标主要包括开办企业、申请建筑许可、获得电力供应、注册资产、获得信贷、投资者保护、缴纳税款、跨境贸易、合同执行、办理破产10项一级指标。虽然我国的营商环境全球排名近些年持续上升，但在税收负担、对外贸易便利度等方面，依然还有很多可以改进的地方。只有不断优化营商环境，打通中小企业发展的"痛点""堵点"，企业才能获得更大的发展机遇，也才能涌现出更多更强的"隐形冠军"企业。为此，一方面，需要加强产权制度建设，依法保证企业的创新成果不被窃取，知识产权不受侵犯，依法严厉打击制造、销售假冒伪劣产品的行为，同时帮助企业融入海外知识产权保护体系，保证企业"走出去"时的合法权益。另一方面，要提供完善的公共服务保障，聚焦简政放权、主动服务，给企业"松绑"，最大限度地激发创新主体创新活力，在部分领域放宽企业的准入条件、降低准入门槛的同时进行科学监管，提高企业投资、贸易乃至维权的便利程度，营造有利于激发中小企业发展活力的社会环境。

# 第六章
# 研究不足与未来研究展望

## 第一节 研究不足

本书尽管详细论述了中小企业成长，尤其是产业互联网背景下中小企业融通创新的成长路径，对中国中小企业的发展具有重要的指导意义，但研究依旧存在一些局限和不足，具体如下：

第一，在研究方法上，本书采用纵向单案例和模糊集定性比较分析方法，通过对一家案例的深入分析，对隐形冠军企业价值创造过程展开初步探索，但是由于本书选取的案例企业属纺织服装行业，而服装行业贴近顾客的程度和要求本身较高，使得研究范围不够全面，有一定的代表性，但数据仍然不够全面，限制了本书研究结论的普适性，未来可考虑采用多案例等方法积极进行理论构建。同时，多元化战略是企业采取的长期发展战略，未来研究需要考虑各变量随时间的动态变化。在 QCA 方法对动态时间变化的应用日渐完善的基础上，隐形冠军企业多元化驱动机制的动态演化是未来亟待探索的研究方向。

第二，在研究样本上，受限于数据的可获得性，本书基本以二手数据为主对中国制造业单项冠军示范企业进行分析，一定程度上限制了结论的可推广性，未来可以收集更多关于隐形冠军企业多元化的数据，结合一手资料进行补充，增加研究样本，可以针对不同地域、不同行业的隐形冠军企业进行数据收集，在更大范围内检验研究结论的稳健性和适用性，提升研究结论的普适性。

第三，本书的目的在于研究中国隐形冠军企业融通创新成长路径，并以产业互联网为背景探究隐形冠军企业如何构建竞争优势，但事实上，对于隐形冠军企业为代表的传统企业来说，凭借其对行业和产业的理解，在标准化、集中化的行业中探索出一条中国企业产业互联网进化路径，无论对于理论界还是实践界都具有重要示范效应，但是对于隐形冠军企业如何打造产业互联网的过程却不甚明了，未来可以从技术可供性等角度深度解读隐形冠军企业产业互联网的形成机制。

第四，平台及生态系统的出现，进一步提升了需求方的价值创造潜能，越来越多的研究强调需求方战略的重要性。本书以需求方战略为理论基础，一定程度上丰富了需求方战略的研究，但是本书主要就一家隐形冠军企业的成长历程进行探索，没有针对每一阶段进行深入展开分析，尤其在基于生态系统的价值创造这一阶段，需求方参与价值共创的过程与机理还有待进一步挖掘。例如，随着数字技术的发展，处于不同生态位的生态系统参与者如何利用用户信息共享创造价值？企业与消费者、利益相关者等多元主体如何交互、共创价值？等等。这些问题有待未来进一步探索。

## 第二节　未来研究展望

第一，在研究方法上，可考虑针对不同地域、不同行业的隐形冠军进行数据收集，结合一手资料相互补充，增加研究样本。采用多案例、QCA 等多种研究方法对所获数据积极进行理论构建。同时，多元化战略是企业采取的长期发展战略，未来研究需要考虑各变量随时间的动态变化。在 QCA 方法对动态时间变化的应用日渐完善的基础上，隐形冠军企业多元化驱动机制的动态演化是未来亟待探索的研究方向。

第二，在需求方战略上，用户体验和用户主权至上的年代，用户成为整个价值体系的判决者，基于需求方的用户价值创造被放置于高位，难点在于如何提升供给侧的企业价值捕获（Gans and Ryall，2017；Tantalo and Priem，2016），因此，需求方与供给方联动的战略管理研究至关重要。Manral（2016）提出的"需求方能力"，并未引起学界广泛关注。本书以需求方战略为基础，指出需求方变化是市场环境不确定的重要因素，积累需求方学习，应对需求方变化的能力本质上就是动态能力的一种表现。然而需求方能力与动态能力有何不同？二者如何作用于新创企业、成熟企业在不确定环境中成长？数字经济背景下，这一机理是否存在不同？未来研究可进一步整合动态能力与需求方理论，将需求方资源/能力融入动态能力中，增强对需求变化影响机制以及特定活动选择的了解，提高利用需求方开展价值创造与价值捕获活动的可能，在市场细分多元化和消费需求异质化的今天，也为企业通过提升能力获取可持续竞争优势提供更多机会。与此同时，数字化、智能化技术的普及，增强了实体经济与虚拟经济的融合，使得产品及服务能够深入到用户的生活方式和应用场景中。场景价值表示用户在特定场景中对客观产品或服务的收益感知或支付意愿（蔡春花等，2020），并将其视为新型价值形态（江积海，2019）。在消费者需求呈现出个性化、圈层化以及场景化的新趋势下，未来研究可以将需求方视角与场景价值联系起来，深入挖掘数字技术赋能下企业提升用户场景价值的过程机理，为企业在不同场景下向用户提供互补性的产品和服务，增强消费体验提供参考。现有研究通常认为消费者的支付意愿有助于企业盈利，那么在数字化场景下，企业为顾客创造的外生价值如何转化为自身的利润？打法有哪些不同？值得进一步关注。

第三，产业互联网作为新一轮技术范式迁移下各国经济发展的重要决胜点，在产业互联网背景下，大批传统制造业积极响应"中国制造2025"的战略部署，以赋能产业链上下游的供需方用户为宗旨，强调从产品供应端到销售端全产业链的深度整合（马永开等，2020），从而实现从单纯提供交易到提供全套解决方案的转变，逐步走出价值链低端（滕修攀等，2020）。深入探究传统制业企业如何打造产业互联网的过程机制在当前时代背景下将成为新的研究趋势。此外，当前对产业互联网的测度集中于信息基础设施建设水平、信息技术应用水平以及信息服务业发展水平三个维度（黄桁，2021），但事实上产业互联网的发展对企业的创新提升不只体现在工艺、产品或技术创新，也有可能体现在生产流程、组织模式或商业模式创新，未来可以尝试量化产业互联网的测度指标，并采用实证研究等方式探究传统制造业企业在产业互联网作用下如何形成可持续竞争优势。

# 参考文献

［1］蔡春花，刘伟，江积海．商业模式场景化对价值创造的影响——天虹股份 2007—2018 年数字化转型纵向案例研究［J］．南开管理评论，2020，23（3）：98-108.

［2］蔡莉，彭秀青，Satish Nambisan，等．创业生态系统研究回顾与展望［J］．吉林大学社会科学学报，2016，56（1）：5-16.

［3］蔡宁，王节祥，杨大鹏．产业融合背景下平台包络战略选择与竞争优势构建：基于浙报传媒的案例研究［J］．中国工业经济，2015，326（5）：96-109.

［4］曹向，秦凯羚，印剑．环境不确定性、多元化战略与企业价值［J］．会计之友，2020（23）：65-72.

［5］曾萍，邬绮虹，蓝海林．政府的创新支持政策有效吗？——基于珠三角企业的实证研究［J］．科学学与科学技术管理，2014，35（4）：10-20.

［6］陈悦，陈超美，刘则渊，等．CiteSpace 知识图谱的方法论功能［J］．科学学研究，2015，33（2）：242-253.

［7］崔丽，雷婧，张璐，等．基于价值主张与动态能力互动的企业资源

配置案例研究［J］．科研管理，2021，42（4）：180-190.

［8］邓地．慢公司也有春天："隐形冠军"的中国实践及其启示［J］．清华管理评论，2019，72（6）：87-95.

［9］邓渝．"做正确的事与正确地做事"：资源编排视角下的创业企业绩效［J］．外国经济与管理，2021，43（5）：34-46.

［10］杜华勇，王节祥，李其原．产业互联网平台价值共创机理：基于宏图智能物流的案例研究［J］．商业经济与管理，2021，353（3）：5-18.

［11］杜晶晶，胡登峰．制造业"隐形冠军"培育与区域创新生态系统构建［J］．中国高校社会科学，2020（1）：54-61+157.

［12］杜晶晶，万晶晶，郝喜玲，张琪．中国"隐形冠军"企业产业多元化战略的形成路径研究：基于模糊集的定性比较分析［J］．研究与发展管理，2023（3）：78-90.

［13］杜运周，贾良定．组态视角与定性比较分析（QCA）：管理学研究的一条新道路［J］．管理世界，2017（6）：155-167.

［14］冯伟，李嘉佳．本土市场规模与产业升级：需求侧引导下的供给侧改革［J］．云南财经大学学报，2018，34（10）：13-26.

［15］高良谋，马文甲．开放式创新：内涵、框架与中国情境［J］．管理世界，2014（6）：157-169.

［16］葛宝山，王治国．隐形冠军企业创业研究述评及展望［J］．外国经济与管理，2020，42（11）：20-32.

［17］葛宝山，赵丽仪．隐形冠军精一创业能力生成机理及路径研究［J］．科学学研究，2022，40（10）：1821-1833.

［18］韩炜，杨俊，胡新华，等．商业模式创新如何塑造商业生态系统属性差异——基于两家新创企业的跨案例纵向研究与理论模型构建［J］．管

理世界，2021，37（1）：88-107+7.

［19］韩炜，杨俊，张玉利．创业网络混合治理机制选择的案例研究［J］．管理世界，2014（2）：118-136.

［20］赫尔曼·西蒙．隐形冠军：未来全球化的先锋［M］．张帆，吴君，刘惠宇等，译．北京：机械工业出版社，2015.

［21］侯宏．从消费互联网寡头格局迈向产业互联网生态共同体［J］．清华管理评论，2019（4）：72-83.

［22］胡茂莉．企业多元化经营战略研究综述［J］．财会通讯，2011（36）：86-88.

［23］黄昊，王国红，秦兰．科技新创企业资源编排对企业成长影响研究：资源基础与创业能力共演化视角［J］．中国软科学，2020（7）：122-137.

［24］黄群慧，余菁，王涛．培育世界一流企业：国际经验与中国情境［J］．中国工业经济，2017（11）：5-25.

［25］黄艳，朱福林，陈欢，等．科技型新创企业社会资本、资源拼凑与成长绩效的关系研究［J］．科技促进发展，2020，16（12）：1535-1541.

［26］黄蕴洁，刘冬荣．知识管理对企业核心能力影响的实证研究［J］．科学学研究，2010，28（7）：1052-1059.

［27］季六祥，盛革．云端创业生态圈的理论基础与规划框架［J］．管理学报，2015，12（11）：1646-1653.

［28］江积海．商业模式创新中"逢场作戏"能创造价值吗？——场景价值的理论渊源及创造机理［J］．研究与发展管理，2019，31（6）：139-154.

［29］焦媛媛，高雪，付轼辉．同侪影响视角下创新社区中用户群体创

新行为的形成机理研究［J］. 南开管理评论，2022，25（1）：165-178.

［30］康荣平，柯银斌. 企业多元化经营［M］. 北京：经济科学出版社，1999.

［31］赖红波. 设计驱动型创新系统构建与产业转型升级机制研究［J］. 科技进步与对策，2017，34（23）：71-76.

［32］雷李楠，谭子雁."单项冠军+小巨人"：关键核心技术突破的互补力量［J］. 清华管理评论，2021（12）：93-100.

［33］雷李楠. 战略谋划对中国制造业隐形冠军企业成长性的作用机制研究［D］. 浙江大学博士学位论文，2018.

［34］李金华. 中国冠军企业、"独角兽"企业的发展现实与培育路径［J］. 深圳大学学报（人文社会科学版），2019，36（1）：68-76.

［35］李平，孙黎. 集聚焦跨界于一身的中流砥柱：中国"精一赢家"重塑中国产业竞争力［J］. 清华管理评论，2021（12）：76-83.

［36］李卅立，郑孝莹，王永贵. 需求基础观：从用户角度来研究战略管理［J］. 管理学季刊，2016，1（3）：128-141+147.

［37］李森，吴德龙，夏恩君，等. 国外隐形冠军研究综述与展望［J］. 技术经济，2020，39（1）：10-18+42.

［38］李万，常静，王敏杰，等. 创新3.0与创新生态系统［J］. 科学学研究，2014，32（12）：1761-1770.

［39］李振东，梅亮，朱子钦，等. 制造业单项冠军企业数字创新战略及其适配组态研究［J］. 管理世界，2023，39（2）：186-208.

［40］林楠，席酉民，刘鹏. 产业互联网平台的动态赋能机制研究：以欧冶云商为例［J］. 外国经济与管理，2022，44（9）：135-152.

［41］林正刚，周碧华. 企业战略协同理论国外研究综述［J］. 科技管

理研究，2011，31（21）：189-192.

[42] 罗兴武. 转型经济背景下商业模式创新对新创企业成长的作用机制研究：组织合法性视角 [D]. 浙江工商大学博士学位论文，2016.

[43] 吕铁. 我国工业互联网产业的变革路径探究：从平台系统架构视角出发 [J]. 人民论坛·学术前沿，2020（13）：14-22.

[44] 吕文晶，陈劲，刘进. 工业互联网的智能制造模式与企业平台建设：基于海尔集团的案例研究 [J]. 中国软科学，2019（7）：1-13.

[45] 马浚洋，黄朝峰，汤薪玉. 军民融合"隐形冠军"企业创新：动因、形式与组织 [J]. 科技管理研究，2019，39（7）：1-6.

[46] 马永开，李仕明，潘景铭. 工业互联网之价值共创模式 [J]. 管理世界，2020（8）：211-222.

[47] 毛基业，陈诚. 案例研究的理论构建：艾森哈特的新洞见——第十届"中国企业管理案例与质性研究论坛（2016）"会议综述 [J]. 管理世界，2017（2）：135-141.

[48] 彭纪生，仲为国，孙文祥. 政策测量、政策协同演变与经济绩效：基于创新政策的实证研究 [J]. 管理世界，2008（9）：25-36.

[49] 尚林. 隐形冠军发展天花板的多元化突破：从"安索夫矩阵"得到的启示 [J]. 工业技术经济，2012，31（4）：102-107.

[50] 苏敬勤，刘静. 多元化战略影响因素的三棱锥模型——基于制造企业的多案例研究 [J]. 科学学与科学技术管理，2012，33（1）：148-155.

[51] 滕修攀，魏云飞，程德俊，等. 产业互联网背景下传统制造业的转型路径探索：商业模式创新案例分析 [J]. 管理现代化，2020，40（4）：19-22.

[52] 田伟. 考虑地方政府因素的企业决策模型：基于企业微观视角的

中国宏观经济现象解读［J］．管理世界，2007（5）：16-23．

［53］汪秀琼，梁肖梅，吴小节．中国旅游上市公司多元化并购驱动机制研究：基于模糊集的定性比较分析［J］．旅游学刊，2021，36（1）：52-68．

［54］汪秀琼，刘静．多元化战略影响因素的三棱锥模型：基于制造企业的多案例研究［J］．科学学与科学技术管理，2012，33（1）：148-155．

［55］汪洋，许宏杰．基于隐形冠军角度的创业企业战略选择研究［J］．经济与管理研究，2014（8）：88-95．

［56］王彬燕，王士君，田俊峰，等．中国高技术产业及其细分行业发展时空演变特征［J］．经济地理，2017，37（9）：135-142．

［57］王凤彬，王骁鹏，张驰．超模块平台组织结构与客制化创业支持：基于海尔向平台组织转型的嵌入式案例研究［J］．管理世界，2019，35（2）：121-150，199-200．

［58］王亮，刘敦虎，彭青峰．多元化程度度量法比较分析、发展趋势及在我国实践中应用［J］．管理评论，2009，21（12）：94-100．

［59］王伟．外部协同对电子商务企业服务创新绩效的影响研究：基于关系嵌入的中介作用［D］．云南财经大学硕士学位论文，2020．

［60］王益民，辛丽，周宪，等．复利思维：中国隐形冠军修炼之道［J］．清华管理评论，2019（6）：96-107．

［61］王治国．精一创业导向、机会—资源一体化和隐形冠军企业创业绩效的关系研究［D］．吉林大学博士学位论文，2021．

［62］王子阳，魏炜，朱武祥，等．商业模式视角下的天虹数字化转型路径探索［J］．管理学报，2020，17（12）：1739-1750．

［63］吴琴，巫强．"互联网+"驱动传统产业跨界融合的作用机制研究

[J]．学海，2020（4）：163-169.

　　［64］夏健明，胡茉．战略与环境关系研究脉络梳理及未来展望［J］．外国经济与管理，2011，33（7）：18-25.

　　［65］谢丹丹，李靖，刘奔．中国隐形冠军的下一步　首届"中国造·隐形冠军"评选勃发出炉［J］．中外管理，2018，307（7）：32-33.

　　［66］谢卫红，钟苏梅，李忠顺，等．多元化企业 IT 协同的维度及测量［J］．科技管理研究，2017，37（1）：111-118.

　　［67］徐宏宇，陈超．基于竞争情报研究的中国隐形冠军判定与评价方法［J］．情报理论与实践，2015，38（3）：30-34.

　　［68］徐天舒，朱天一．中小制造企业"专精特新"导向评价指标体系设计：基于苏州 200 家"隐形冠军"企业的实证分析［J］．科技与经济，2017，30（3）：16-20.

　　［69］许惠龙，康荣平．隐形冠军：全球最优秀的公司［J］．管理世界，2003（7）：150-152.

　　［70］薛楠，齐严．雄安新区创新生态系统构建［J］．中国流通经济，2019，33（7）：116-126.

　　［71］杨丽丽，李华，贾鑫龙．本土制造业"隐形冠军"自主创新动力机制研究：基于模糊集的定性比较分析［J］．科技进步与对策，2021，38（1）：82-89.

　　［72］杨栩，李润茂．动态能力视角下资源编排对新创企业成长的影响［J］．系统工程，2023，41（1）：27-37.

　　［73］尹苗苗，冯心莹，周冰玉．用户创业研究综述及未来展望［J］．科研管理，2021，42（9）：17-23.

　　［74］尹义省．适度多角化：企业成长与业务重组［M］．北京：生活·

读书·新知三联书店，1999.

［75］余菲菲，高霞．产业互联网下中国制造企业战略转型路径探究［J］．科学学研究，2018，36（10）：1770-1778.

［76］余欣．企业"隐形冠军"的经营之道［J］．领导科学，2020（6）：94-96.

［77］张建红．多元化战略：概念动因与关注问题探讨［J］．财会研究，2009（18）：76-77.

［78］张璐，王岩，苏敬勤，等．资源基础理论：发展脉络、知识框架与展望［J/OL］．南开管理评论，（2021-01-22）［2021-09-29］．http：//kns. cnki. net/kcms/detail/12. 1288. f. 20210928. 0209. 002. html.

［79］张青，华志兵．资源编排理论及其研究进展述评［J］．经济管理，2020，42（9）：193-208.

［80］张帅．平台企业商业模式创新驱动因素研究：基于模糊集的 QCA 分析［D］．大连理工大学硕士学位论文，2018.

［81］张媛，孙新波，钱雨．传统制造企业数字化转型中的价值创造与演化：资源编排视角的纵向单案例研究［J］．经济管理，2022，44（4）：116-133.

［82］赵驰，周勤．中国奇迹还是小富即安：兼论中国隐形冠军企业成长［J］．产业经济研究，2013（3）：55-63.

［83］赵晶．中国"隐形冠军"型中小企业国际化战略分析：以 ABC 公司为案例［D］．浙江工业大学硕士学位论文，2015.

［84］郑绪涛，柳剑平．促进 R&D 活动的税收和补贴政策工具的有效搭配［J］．产业经济研究，2008（1）：26-36.

［85］钟榴，余光胜．长袖善舞：基于需求方战略的客户协同效应与商

业模式组合：平安好车主案例研究［J/OL］. 南开管理评论，（2021-01-27）
［2021-12-22］. http：//kns. cnki. net/kcms/detail/12. 1288. f. 20211220. 10 57.
002. html.

［86］周文辉，刘德武，朱赛. 产业互联网平台构建路径：创业共创视
角的案例研究［J］. 研究与发展管理，2023，35（1）：146-157.

［87］朱利江. 隐形冠军企业成功经验实证研究［D］. 浙江财经大学硕
士学位论文，2015.

［88］朱巍，陈慧慧，陈潇宇. 隐形冠军：国际竞争视野下科技型中小
企业培育变革趋势与策略［J］. 科技进步与对策，2019，36（3）：77-82.

［89］朱晓红，陈寒松，张腾. 知识经济背景下平台型企业构建过程中
的迭代创新模式：基于动态能力视角的双案例研究［J］. 管理世界，2019，
35（3）：142-156，207-208.

［90］祝合良，王明雁. 消费思维转变驱动下的商业模式创新：基于互
联网经济的分析［J］. 商业研究，2017，4（9）：7-13.

［91］Adner R，Kapoor R. Value Creation in Innovation Ecosystems：How
the Structure of Technological Interdependence Affects Firm Performance in New
Technology Generations ［J］. Strategic Management Journal，2010，31（3）：
306-333.

［92］Adner R，Zemsky P. A Demand - Based Perspective on Sustainable
Competitive Advantage ［J］. Strategic Management Journal，2006，27（3）：
215-239.

［93］Amit R，Han X. Value Creation through Novel Resource Configurations in
a Digitally Enable World ［J］. Strategic Entrepreneurship Journal，2017，11（3）：
228-242.

[94] Amit R, Zott C. Value Creation in E-business [J] . Strategic Management Journal, 2001, 22 (6-7): 493-520.

[95] Amit R, Zott C. Creating Value through Business Model Innovation [J]. MIT Sloan Management Review, 2012, 53 (3): 41-49.

[96] Ansoff H I. Corporate Strategy: An Analytic Approach to Business Policy For Growth and Expansion [M] . New York: Mc Graw-Hill, 1965.

[97] Auh S, Menguc B. The Influence of Top Management Team Functional Diversity on Strategic Orientations: The Moderating Role of Environment Turbulence and Inter-functional coordination [J] . International Journal of Research in Marketing, 2005, 22 (3): 333-350.

[98] Aversa P, Haefliger S, Hueller F, et al. Customer Complementarity in the Digital Space: Exploring Amazon's Business Model Diversification [J] . Long Range Planning, 2021, 54 (5): 1-22.

[99] Barney J B. Firm Resources and Sustained Competitive Advantage [J] . Journal of Management, 1991, 17 (1): 99-120.

[100] Barney J B. Strategic Factor Markets: Expectations, Luck, and Business Strategy [J] . Management Science, 1986, 32 (1): 1231-1241.

[101] Barreto I. Dynamic Capabilities: A Review of Past Research and an Agenda for the Future [J] . Journal of Management, 2010, 36 (1): 256-280.

[102] Barroso A, Giarratana M S. Product Proliferation Strategies and Firm Performance: The Moderating Role of Product Space Complexity [J] . Strategic Management Journal, 2013, 34 (12): 1435-1452.

[103] Berry C H. Corporate Growth and Diversification [J] . Journal of Law and Economics, 1971, 14 (2): 371-384.

［104］Buse S, Tiwari R. Global Innovation Strategies of German Hidden Champions in Key Emerging Markets［C］. Proceedings of ISPIM Conferences, 2014, 25: 1-17.

［105］Chandler A D. Strategy and Structure: Chapters in the History of the American Industrial Enterprise［M］. Cambridge MA: MIT Press, 1962.

［106］Chatterjee S, Wernerfelt B. The Link Between Resources and Type of Diversification: Theory and Evidence［J］. Strategic Management Journal, 1991, 12（1）: 33-48.

［107］Chesbrough H W, Prencipe A. Networks of Innovation and Modularity: A Dynamic Perspective［J］. International Journal of Technology Management, 2008, 42（4）: 414-425.

［108］Chesbrough H, Rosenbloom R S. The Role of the Business Model in Capturing Value from Innovation: Evidence from Xerox Corporation's Technology Spin-off Companies［J］. Industrial and Corporate Change, 2002, 11（3）: 529-555.

［109］Chirico F, Sirmon D G, Sciascia S, et al. Resource Orchestration in Family Firms: Investigating How Entrepreneurial Orientation, Generational Involvement, and Participative Strategy Affect Performance［J］. Strategic Entrepreneurship Journal, 2011, 5（4）: 307-326.

［110］Choi S B, Lee W R, Kang S W. Entrepreneurial Orientation, Resource Orchestration Capability, Environmental Dynamics and Firm Performance: A Test of Three-way Interaction［J］. Sustainability, 2020, 12（13）: 1-13.

［111］Colombo M G, Piva E, Ross-lamastra C. Open Innovation and Within-industry Diversification in Small and Medium Enterprises: The Case of

Open Source Software Firms [J] . Research Policy, 2014, 43 (5): 891-902.

[112] Cui A S, Wu F. Utilizing Customer Knowledge in Innovation: Antecedents and Impact of Customer Involvement on New Product Performance [J]. Journal of the Academy of Marketing Science, 2016, 44 (4): 516-538.

[113] Daft R L, Weick K E. Toward a Model of Organizations as Interpretation System [J] . Academy of Management Review, 1984, 9 (2): 284-295.

[114] Denis D J, Denis D K, Sarin A. Agency Problems, Equity Ownership, and Corporate Diversification [J] . Journal of Finance, 1997, 52 (1): 135-160.

[115] Din F U, Dolles H, Middel R. Strategies for Small and Medium-Sized Enterprises to Compete Successfully on the World Market: Cases of Swedish Hidden Champions [J] . Asian Business & Management, 2013, 12 (5): 591-612.

[116] Dollinger M J. Environmantal Boxindary Spanning and Information Processing Effects on Organizational Performance [J] . Academy of Management Journal, 1984, 27 (2): 351-368.

[117] Eisenhardt K M, Graebner M E. Theory Building from Cases: Opportunities and Challenges [J] . Academy of Management Journal, 2007, 50 (1): 25-32.

[118] Eisenhardt K M. Building Theories from Case-study Research [J] . Academy of Management Review, 1989 (4): 532-550.

[119] Faik I, Barrett, M, Oborn E. How Information Technology Matters in Societal Change: An Affordance-Based Institutional Perspective [J] . MIS Quarterly, 2020, 44 (3): 1359-1390.

[120] Fiss P C. A Set-Theoretic Approach to Organizational Configurations

[J] . The Academy of Management Review, 2007, 32 (4): 1180-1198.

[121] Floyd S W, Lane P J. Strategizing Throughout the Organization: Managing Role Conflict in Strategic Renewal [J] . Academy of Management Review, 2000, 25 (1): 154-177.

[122] Frietsch R. Global Champions Und Hidden Champions: Internationale Konzerne Und Kmu Im Innovationswettbewerb [R] . Karlsruhe: Fraunhofer-Institut für System-und Innovationsforschung (ISI), 2015.

[123] Geringer J M, Tallman S, Olsen D M. Product and International Diversification among Japanese Multinational Firms [J] . Strategic Management Journal, 2000, 21 (1): 51-80.

[124] Gort M. Diversification and Integration in American Industry [M] . Princeton: Princeton University Press, 1962.

[125] Granovetter M. Problems of Explanation in Economic Sociology [J] . Networks and Organizations, 1992 (12): 25-56.

[126] Hafeez K, Zhan Y M, Malak N. Core Competence for Sustainable Competitive Advantage: A Structured Methodology for Identifying Core Competence [J] . IEEE Transactions on Engineering Management, 2002, 49 (1): 28-35.

[127] Hanna R A. Hidden Champions of the B. C. Forest Industry: Are Small Firms Atthe Cutting Edge of Value Chain Innovation? [D] . Doctoral Dissertation: Simon Fraser University, 2005.

[128] Helfat C E, Winter S G. Untangling Dynamic and Operational Capabilities: Strategy for the (N) Ever–Changing World [J] . Strategic Management Journal, 2011, 32 (11): 1243-1250.

[129] Jacobides M G, Cennamo C, Gawer A. Towards a Theory of Ecosys-

tems [J] . Strategic Management Journal, 2018, 39 (8): 2255-2276.

[130] Kang H S, Ju Y L, Choi S S, et al. Smart Manufacturing: Past Research, Present Findings, and Future Directions [J] . International Journal of Precision Engineering and Manufacturing – Green Technology, 2016, 3 (1): 111-128.

[131] Kanninen T, Penttinen E, Tinnila M, et al. Exploring the Dynamic Capabilities Required for Servitization: The Case Process Industry [J] . Business Process Management Journal, 2017, 23 (2): 226-247.

[132] Kiesler S, Sproull L. Managerial Response to Changing Environments: Perspectives on Problem Sensing from Social Cognition [J] . Administrative Science Quarterly, 1982, 27 (4): 548-570.

[133] Kopalle P K, Kumar V, Subramaniam M. How Legacy Firms Can Embrace the Digital Ecosystem Via Digital Customer Orientation [J] . Journal of the Academy of Marketing Science, 2020, 48 (1): 114-131.

[134] Kraaijenbrink J, Spender J C, Groen A J. The Resource–based View: A Review and Assessment of Its Critiques [J] . Journal of Management, 2010, 36 (1): 349-372.

[135] Larsson R, Bowen D E. Organization and Customer: Managing Design and Coordination [J] . Academy of Management Review, 1989, 14 (2): 213-233.

[136] Lee J W. The Exploration of New Business Area in the Age of Economic Transformation: A Case of Korean 'Hidden Champions' Small and Medium Niche Enterprises [J] . The Korean Small Business Review, 2009, 31 (1): 73-88.

[137] Lehmann E E, Schenkenhofer J, Wirsching K. Hidden Champions

and Unicorns: A Question of the Context of Human Capital Investment [J]. Small Business Economics, 2019, 52 (2): 359-374.

[138] Lei L, Wu X, Tan Z. The Growth of Hidden Champions in China: A Cognitive Explanation from Integrated View [J]. Chinese Management Studies, 2020, 14 (3): 613-637.

[139] Lei L, Wu X. Thinking Like a Specialist or a Generalist? Evidence from Hidden Champions in China [J]. Asian Business & Management, 2020 (4): 25-57.

[140] Lewellen W G. A Pure Financial Rationale of the Conglomerate Merger [J]. Journal of Finance, 1971, 26 (2): 527-537.

[141] Li S, Greenwood R. The Effect of Within-industry Diversification on Firm Performance: Synergy Creation, Multi-market Contact and Market Structuration [J]. Strategic Management Journal, 2004, 25 (12): 1131-1153.

[142] Lockett A, Thompson S, Morgenstern U. The Development of the Resource-based View of the Firm: A Critical Appraisal [J]. International Journal of Management Review, 2009, 11 (1): 9-28.

[143] Madhok A, Li S, Priem R L. The Resource-based View Revisited: Comparative Firm Advantage, Willingness-based Isolating Mechanisms and Competitive Heterogeneity [J]. European Management Review, 2011, 7 (2): 91-100.

[144] Manral L, Harrigan K R. The Logic of Demand-side Diversification: Evidence from The US Telecommunications Sector, 1990-1996 [J]. Journal of Business Research, 2018 (85): 127-141.

[145] Manral L, Harrigan K R. The Performance Implications of Demand-

side Diversification: Evidence from The US Telecommunications Sector, 1990 – 1996 [J] . Journal of Strategic Marketing, 2016, 24 (7): 551-577.

[146] Manral L. An Evolutionary Theory of Demand – side Determinants of Strategy Dynamics [J] . Management Research Review, 2018, 41 (3): 314-344.

[147] Markides C C, Williamson P J. Related Diversification, Core Compe-tencies and Corporate Performance [J] . Strategic Management Journal, 1994 (15): 149-165.

[148] Miller D, Friesen P H. Strategy-making and Environment: The Third Link [J] . Strategic Management Journal, 1983, 4 (3): 221-235.

[149] Miller D, Lant T K, Milliken F J, et al. The Evolution of Strategic Simplicity: Exploring Two Models of Organizational Adaption [J] . Journal of Management, 1996, 22 (6): 863-887.

[150] Munoz P, Kibler E. Institutional Complexity and Social Entrepreneur-ship: A Fuzzy-set Approach [J] . Journal of Business Research, 2016, 69 (4): 1314-1318.

[151] Nambisan S. Digital Entrepreneurship: Toward a Digital Technology Perspective of Entrepreneurship [J] . Entrepreneurship Theory and Practice, 2017, 41 (6): 1029-1055.

[152] Narasimhan M C. A Model of Retail Formats Based on Consumers' Economizing on Shopping Time [J] . Marketing Science, 1997, 16 (1): 1-23.

[153] Noy E. Niche Strategy: Merging Economic and Marketing Theories with Population Ecology Arguments [J] . Journal of Strategic Marketing, 2010, 18 (1): 77-86.

[154] Palepu K. Diversification Strategy, Profit Performance and the Entropy Measure [J] . Strategic Management Journal, 1985, 6 (3): 239-255.

[155] Pangboonyanon V, Kalasin K. The Impact of Within-industry Diversification on Firm Performance: Empirical Evidence from Emerging ASEAN SMEs [J] . International Journal of Emerging Markets, 2018, 13 (6): 1475-1501.

[156] Payne A, Frow P. A Strategic Framework for Customer Relationship Management [J] . Journal of Marketing, 2005 (69): 167-176.

[157] Penrose E T. The Theory of the Growth of the Firm [M] . New York: Wiley, 1959.

[158] Petraite M, Dlugoborskyte V. Hidden Champions from Small Catching-up Country: Leveraging Entrepreneurial Orientation, Organizational Capabilities and Global Networks [C] //Global Opportunities for Entrepreneurial Growth: Coopetition and Knowledge Dynamics within and across Firms. Bradford: Emerald Publishing Limited, 2017: 91-122.

[159] Pitts R A, Hopkins H D. Firm Diversity: Conceptualization and Measurement [J] . Academy of Management Review, 1982, 7 (4): 620-629.

[160] Porter M E. Competitive Advantage: Creating and Sustaining Superior Performance [M] . New York: Free Press, 1985.

[161] Prahalad C K, Hamel G. The Core Competence of the Corporation [J] . Harvard Business Review, 2010, 68 (3): 275-292.

[162] Priem R L, Butler J E, Li S. Toward Reimagining Strategy Research: Retrospection and Prospection on The 2011 AMR Decade Award Article [J] . Academy of Management Review, 2013, 38 (4): 471-489.

[163] Priem R L, Li S, Carr J C. Insights and New Directions from

Demand-side Approaches to Technology Innovation, Entrepreneurship, and Strategic Management Research [J] . Journal of Management, 2012, 38 (1): 346-374.

[164] Priem R L, Wenzel M, Koch J. Demand-side Strategy and Business Models: Putting Value Creation for Consumers Center Stage [J] . Long Range Planning, 2018, 51 (1): 22-31.

[165] Priem R L. A Consumer Perspective on Value Creation [J] . Academy of Management Review, 2007 (32): 219-235.

[166] Purg D, Saginova O, Skorobogatykh I, et al. Family Owned Hidden Champion in Russia: Innovation, Human Capital and Internationalization [J] . Indian Journal of Science & Technology, 2016, 9 (12): 1-10.

[167] Raddats C, Zolkiewski J, Story V M, et al. Interactively Developed Capabilities: Evidence from Dyadic Servitization Relationship [J] . International Journal of Operations & Product Management, 2017, 37 (3): 382-400.

[168] Ragin C C. The Comparative Method: Moving Beyond Qualitative and Quantitative Strategies [M] . Bekeley: University of California Press, 2014.

[169] Ramanujam V, Varadarajan P. Research on Corporate Diversification: A Synthesis [J] . Strategic Management Journal, 1986, 10 (6): 523-551.

[170] Rammer C, Spielkamp A. German Hidden Champions: Competitive Strategies, Knowledge Management and Innovation in Globally Leading Niche Players [J] . EKONOMIAZ. Revista vasca de Economía, 2019, 95 (1): 65-87.

[171] Randhawa K, Wilden R, Gudergan S. How to Innovate Toward an Ambidextrous Business Model? The Role of Dynamic Capabilities and Market Orientation [J] . Journal of Business Research, 2021 (31): 618-634.

[172] Rant M B, Cerne S K. Becoming a Hidden Champion: From Selective use of Customer Intimacy and Product Leadership to Business Attractiveness [J]. South East European Journal of Economics and Business, 2017, 12 (1): 89-103.

[173] Rawley E, Simcoe T. Diversification, Diseconomies of Scope, and Vertical Contracting: Evidence from The Taxicab Industry [J]. Management Science, 2010, 55 (9): 1534-1550.

[174] Rennie M W. Global Competitiveness: Born Global [J]. The McKinsey Quarterly, 1993 (4): 45-53.

[175] Robins J A, Wiersema M F. The Measurement of Corporate Portfolio Strategy: Analysis of the Content Validity of Related Diversification Indexes [J]. Strategic Management, 2003, 24 (1): 39-59.

[176] Rochet J C, Tirole J. Platform Competition in Two-sided Markets [J]. Journal of the European Economic Association, 2003, 1 (4): 990-1029.

[177] Rohn D, Bican P M, Brem A, et al. Digital Platform-based Business Models: An Exploration of Critical Success Factors [J]. Journal of Engineering and Technology Management, 2021 (60): 101625.

[178] Rumelt R P. Strategy, Structure and Economic Performance [M]. Cambridge: Harvard University Press, 1974.

[179] Sang S L, Chung Y K. A Study on Development Strategy of Korean Hidden Champion Firm: Focus on SWOT/AHP Technique Utilizing the Competitiveness Index [J]. Journal of International Entrepreneurship, 2018, 16 (4): 547-575.

[180] Schlepphorst S, Schlomerlaufen N, Holz M. Determinants of Hidden

Champions: Evidence from Germany [R] . Working Papers, Institut Fur Mittel-standsforschung (IFM) Bonn, 2016.

[181] Schmidt J, Makadok R, Keil T. Customer - Specific Synergies and Market Convergence [J] . Strategic Management Journal, 2016, 37 (5): 870-895.

[182] Shah S K, Tripsas M. The Accidental Entrepreneur: The Emergent and Collective Process of User Entrepreneurship [J] . Strategic Entrepreneurship Journal, 2007, 1 (1-2): 123-140.

[183] Simon H. Hidden Champions of The Twenty - First Century: Success Strategies of Unknown World Market Leaders [M] . New York: Springer, 2009.

[184] Simon H. Hidden Champions - Aufbruch nach Globalia: Die Er-folgsstrategien Unbekannter Weltmarktführer [M] . New York: Campus Verlag, 2012.

[185] Simon H. Lessons from Germany's Midsize Giants [J] . Harvard Busi-ness Review, 1992, 70 (2): 115-123.

[186] Simon H. You Don't have to be German to be a "Hidden champion" [J] . Business Strategy Review, 1996, 7 (2): 1-13.

[187] Siqueira A C O, Priem R L, Parente R C. Demand-side Perspectives in International Business: Themes and Future Directions [J] . Journal of Interna-tional Management, 2015, 21 (4): 261-266.

[188] Sirmon D G, Hitt M A, Ireland R D, et al. Resource Orchestration to Create Competitive Advantage: Breadth, Depth, and Life Cycle Effects [J] . Journal of Management, 2011, 37 (5): 1390-1412.

[189] Sirmon D G, Hitt M A. Managing Resources: Linking Unique Re-

sources, Management, and Wealth Creation in Family Firms [J]. Entrepreneurship Theory and Practice, 2003, 27 (4): 339-358.

[190] Smeritschnig F, Muelkner J, Nell P C, et al. Intra-industry Diversification Effects under Firm-specific Contingencies on the Demand Side [J]. Long Range Planning, 2020, 54 (4): 101992.

[191] Sohl T, Vroom G, McCann B T. Business Model Diversification and Firm Performance: A Demand-side Perspective [J]. Strategic Entrepreneurship Journal, 2020, 14 (2): 198-223.

[192] Song A K. The Digital Entrepreneurial Ecosystem: A Critique and Reconfiguration [J]. Small Business Economics, 2019, 53 (5): 569-590.

[193] Spring M, Araujo L. Beyond the Service Factory: Service Innovation in Manufacturing Supply Networks [J]. Industrial Marketing Management, 2013, 42 (1): 59-70.

[194] Stabell C B. Integrative Complexity of Information Environment Perception and Information Use: An Empirical Investigation [J]. Organizational Behavior & Human Performance, 1978, 22 (1): 116-142.

[195] Stern I, Henderson A D. Within-business Diversification in Technology-intensive Industries [J]. Strategic Management Journal, 2004, 25 (5): 487-505.

[196] Subramaniam M, Iyer B, Venkatraman V. Competing in Digital Ecosystems [J]. Business Horizons, 2019, 62 (1): 83-94.

[197] Tanriverdi H, Lee C H. Within-Industry Diversification and Firm Performance in the Presence of Network Externalities: Evidence from the Software Industry [J]. Academy of Management Journal, 2008, 51 (2): 381-397.

[198] Tantalo C, Priem R L. Value Through Stakeholder Synergy [J].
Strategic Management Journal, 2016, 37 (2): 314-329.

[199] Teece D J, Shuen P A. Dynamic Capabilities and Strategic Manage-
ment [J]. Strategic Management Journal, 1997, 18 (7): 509-533.

[200] Teece D J. Economics of Scope and the Scope of the Enterprise [J].
Journal of Economic Behavior and Organization, 1980 (1): 223-247.

[201] Teece D J. Explicating Dynamic Capabilities: The Nature and Micro-
foundations of (Sustainable) Enterprise Performance [J]. Strategic Management
Journal, 2007, 28 (13): 1319-1350.

[202] Voudouris L, Lioukas S, Makridakis S, et al. Greek Hidden Champions:
Lessons from Small, Little-Known Firms in Greece [J]. European Management
Journal, 2000, 18 (6): 663-674.

[203] Wade M, Hulland J. The Resource-based View and Information Sys-
tems Research: Review, Extension and Suggestions for Future Research [J].
MIS Quarterly, 2004, 28 (1): 107-142.

[204] Wernerfelt B. A Resource-based View of the Firm [J]. Strategic
Management Journal, 1984, 5 (2): 171-180.

[205] Winter S G. Understanding Dynamic Capabilities [J]. Strategic Mana-
gement Journal, 2003, 24 (10): 991-995.

[206] Witt A V J. Global Hidden Champions: The Internationalisation Paths,
Entry Modes and Underlying Competitive Advantages of Germany's and Britain's
Global 'Top Three' Niche Players [D]. Edinburgh: University of Edinburgh,
2015.

[207] Kim W. Structural Features and Mechanisms of the Korean Powerhouses:

What Makes These Niche Companies Leaders in the Global Market? [J] . Journal of Economics and Political Economy, 2016, 3 (2): 284-308.

[208] Yadav M S, Pavlou P A. Technology-enabled Interactions in Digital Environments: A Conceptual Foundation for Current and Future Research [J] . Journal of the Academy of Marketing Science, 2020, 48 (1): 132-136.

[209] Ye G, Priem R L, Alshwer A A. Achieving Demand-side Synergy from Strategic Diversification: How Combining Mundane Assets Can Leverage Consumer Utilities [J] . Organization Science, 2012, 23 (1): 207-224.

[210] Yoon B. How do Hidden Champions Differ from Normal Small and Medium Enterprises (SMEs) in Innovation Activities [J] . Journal of Applied Sciences Research, 2013, 9 (13): 6257-6263.

[211] Yu Jr H, Chen Jr Y. Factos Underlying Chinese Hidden Champions in China: Case Study [EB/OL] . [2009-5-29] . hhtp: lwww. diva-portal. org/smash/record. jsf? pid=diva2%3A239719&dswid=5591.

[212] Zahavi T, Lavie D. Intra-Industry Diversification and Firm Performance [J] . Strategic Management Journal, 2013, 34 (8): 978-998.

# 附录

## 附录1 样本企业基本信息

| 序号 | 企业 | 所属行业 | 主营业务行业代码 | 其他业务所属行业代码 |
|---|---|---|---|---|
| 1 | SG | 34 通用设备制造业 | 3441 泵及真空设备制造 | 3442 气体压缩机械制造；3462 风机、风扇制造 |
| 2 | ZGJS | 30 非金属矿物制品业 | 3061 玻璃纤维及制品制造 | 3062 玻璃纤维增强塑料制品制造 |
| 3 | ZD | 29 橡胶和塑料制品业 | 2913 橡胶零件制造 | 3522 橡胶加工专用设备制造；3484 机械零部件加工 |
| 4 | TLJD | 38 电气机械及器材制造业 | 3831 电线、电缆制造 | 3839 其他电工器材制造 |
| 5 | BXJC | 30 非金属矿物制品业 | 3024 轻质建筑材料制造 | 3033 防水建筑材料制造 |
| 6 | AL | 29 橡胶和塑料制品业 | 2925 塑料人造革、合成革制造 | 2641 涂料制造 |
| 7 | HFSS | 17 纺织业 | 1711 棉纺纱加工 | 1773 窗帘、布艺类产品制造 |

| 序号 | 企业 | 所属行业 | 主营业务行业代码 | 其他业务所属行业代码 |
|---|---|---|---|---|
| 8 | NK | 35 专用设备制造业 | 3525 模具制造 | 2922 塑料板、管、型材制造 |
| 9 | JJ | 34 通用设备制造业 | 3434 连续搬运设备制造 | 3444 液压动力机械及元件制造；3489 其他通用零部件制造 |
| 10 | HY | 35 专用设备制造业 | 3463 气体、液体分离及纯净设备制造 | 4512 液化石油气生产和供应业 |
| 11 | JF | 34 通用设备制造业 | 3462 风机、风扇制造 | 7514 节能技术推广服务 |
| 12 | SY | 39 计算机、通信和其他电子设备制造业 | 3974 显示器件制造 | 3962 智能车载设备制造 |
| 13 | RS | 39 计算机、通信和其他电子设备制造业 | 3984 电声器件及零件制造 | 7454 标准化服务 |
| 14 | ZJGQ | 24 文教、工美、体育和娱乐用品制造业 | 2423 电子乐器制造 | 8393 文化艺术培训 |
| 15 | CGSW | 13 农副食品加工业 | 1399 其他未列明农副食品加工 | 1332 非食用植物油加工 |
| 16 | AQJM | 14 食品制造业 | 1495 食品及饲料添加剂制造 | 1469 其他调味品、发酵制品制造 |
| 17 | SDWD | 33 金属制品业 | 3329 其他金属工具制造 | 3465 风动和电动工具制造；3484 机械零部件加工 |
| 18 | XALJ | 30 非金属矿物制品业 | 3099 其他非金属矿物制品 | 3825 光伏设备及元器件制造 |
| 19 | JDKJ | 36 汽车制造业 | 3670 汽车零部件及配件制造 | 3612 新能源车整车制造 |
| 20 | WH | 26 化学原料及化学制品制造业 | 2619 其他基础化学原料制造 | 2641 涂料制造 |
| 21 | QLXD | 26 化学原料及化学制品制造业 | 2662 专项化学用品制造 | 2661 化学试剂和助剂制造 |

# 附录2 变量打分测量表

根据对样本案例的了解，选出对各项陈述的看法，其中，1 表示非常不符合，2 表示不符合，3 表示一般符合，4 表示比较符合，5 表示非常符合。请在您认为合适的选项打"√"。

| | | | 分数 陈述 | 1 | 2 | 3 | 4 | 5 |
|---|---|---|---|---|---|---|---|---|
| 企业核心能力 | 组织管理能力 | OA1 | 企业能客观全面评价自身竞争优势和劣势 | | | | | |
| | | OA2 | 企业能为自己设立合理的中长期目标 | | | | | |
| | 市场开发能力 | MA1 | 近5年来，企业主营业务产品的销售增长率不断提高 | | | | | |
| | | MA2 | 企业的市场营销网络不断完善 | | | | | |
| | 技术创新能力 | TC1 | 企业积极引进新技术，开发新产品 | | | | | |
| | | TC2 | 企业积极与科研单位合作，开发新技术 | | | | | |
| | 生产管理能力 | PA1 | 企业不断提高生产管理、完善设备系统、提高劳动生产率 | | | | | |
| | | PA2 | 企业产品制造成本随着新技术的引进逐渐降低 | | | | | |
| 客户群 | 扩大客户群规模 | CS1 | 企业通过各种方式不断获得新的和更高质量的客户 | | | | | |
| | | CS2 | 通过广告、提高客户服务质量、及时公平地处理客户投诉、推出忠诚度计划和针对现有客户的各种促销活动等方式提高"感知质量"的成本，以留住现有客户 | | | | | |
| | 提高客户群的质量 | CQ1 | 诱导客户增加他们的消费数量，或者升级当前消费产品的高级（昂贵）版本 | | | | | |
| | | CQ2 | 向客户提供与当前消费产品互补的其他产品和/或服务 | | | | | |

续表

| 陈述 | | | 分数 | 1 | 2 | 3 | 4 | 5 |
|---|---|---|---|---|---|---|---|---|
| 客户关系 | 情感强度 | CR1 | 企业与外部客户的合作关系已经持续很长时间，并且保持很高的交流频率；企业与外部客户的合作范围非常广泛，不仅停留在一个方面的合作 | | | | | |
| | 信任程度 | CR2 | 企业与客户在合作期间没有相互误导的行为，保持良好的信用记录 | | | | | |
| | 互惠程度 | CR3 | 企业与合作伙伴会相互提醒可能存在的问题或出现的变化；企业与合作伙伴之间能够分享同一目标方向下的发展计划；企业与客户之间能够通过优势互补使合作达到双赢 | | | | | |
| | 共同解决问题程度 | CR4 | 企业与外部客户企业之间制定了共同应对突发问题的解决方案，互相帮助，共同解决彼此遇到的问题 | | | | | |
| 环境不确定性 | 环境包容性 | EM1 | 企业所处行业市场存在丰富的获利机会 | | | | | |
| | | EM2 | 企业所处行业产品更新换代的速度很快 | | | | | |
| | | EM3 | 企业所处行业技术更新换代的速度很快 | | | | | |
| | | EM4 | 企业所处行业市场增长速度很快 | | | | | |
| | 环境竞争性 | EC1 | 企业当前客户具有多样性的需求 | | | | | |
| | | EC2 | 从全球范围来看，行业内有很多竞争者 | | | | | |
| | | EC3 | 从全球范围来看，行业间同类企业有很多竞争对手 | | | | | |
| 政府政策支持 | 政府补贴 | FS1 | 近5年来，企业能够获得较多的政府资金直接补贴 | | | | | |
| | 税收优惠 | AS1 | 近5年来，企业能够获得不同方面的税收优惠 | | | | | |
| | 人才吸引 | PS1 | 对人才有完善的社会福利与保障制度；鼓励企业与学校等研究机构合作；政府部门现有优惠或扶持政策鼓励各类人员参与创业 | | | | | |
| | 政府采购 | GB1 | 政府采购时会更多地选择本公司作为供应商；相关部门建立产品目录对企业的技术创新产品直接采购和采取保护 | | | | | |